AF368814

BITCOIN

LO QUE NECESITAS SABER SOBRE EL NUEVO SISTEMA FINANCIERO QUE VIENE

ÓSCAR DOMÍNGUEZ

www.bitcoin.guiaburros.es

Diseño de cubierta: © Marta Villarín (EDITATUM)

Maquetación de interior: © EDITATUM

Primera edición: julio de 2021

ISBN: 978-84-18429-30-9

Depósito Legal: M-21769-2021

IMPRESO EN ESPAÑA/ PRINTED IN SPAIN

Si después de leer este libro, lo ha considerado como útil e interesante, le agradeceríamos que hiciera sobre él una **reseña honesta en cualquier plataforma de opinión** y nos enviara un e-mail a **opiniones@guiaburros.es** para poder, desde la editorial, enviarle **como regalo otro libro de nuestra colección.**

Sobre el autor

 **Óscar Domínguez** ha enfocado su trayectoria profesional en el sector de la comunicación, de las finanzas descentralizadas y de la economía alternativa.

Conoce Bitcoin en septiembre de 2014 a raíz de una noticia publicada en prensa. En noviembre de ese mismo año decide aventurarse en el primer medio de comunicación independiente en España sobre Bitcoin, Blockchain y las tecnologías financieras (Territorio Bitcoin) con el que en 2017 le lleva a ganar un Digital Award a la innovación en medios de comunicación en España.

Versátil B2B y B2C Marketing profesional con más de 30 años de experiencia en *marketing,* ventas, planificación y desarrollo de eventos. Creativo con mentalidad comercial.

Organizador del I Congreso de Enfermedades Raras en Collado Villalba (Madrid) en 2008.

Organizador de Spain Blockchain Summit con seis ediciones realizadas y más de 50 *meetups.* (2017–2019).

Es Miembro de la Asociación de Periodistas de Información Económica y de la Sociedad Interamericana de Prensa.

Agradecimientos

*Agradezco este libro a toda la comunidad de las
criptomonedas de España y Latino América y en
especial a Ismael Santiago y Elio Andrade,
sin el apoyo de ellos este libro no hubiera sido posible.*

índice

Prólogo

Tengo que reconocer que hacer el prólogo de esta obra supone para mí una gran satisfacción, ya que un cometido de este tipo supone una muestra de afecto y confianza por parte de uno de los hombres más significativos del mundo del criptomercado en España como es Óscar Domínguez, CEO de Territorio Bitcoin. Personalmente, tengo el placer de ser su compañero en el programa semanal "1 Minuto", que hacemos en la plataforma YouTube, y que trata sobre la actualidad de la economía, las finanzas y el criptomercado.

Entrando a analizar la obra, destaco la utilidad actual que tiene un texto de estas características en uno de los momentos de la historia en que la sociedad, la economía y las organizaciones están pasando por un cambio sin precedentes y por una auténtica revolución tecnológica, gracias a la cuarta revolución industrial en la que estamos inmersos. En este nuevo contexto, lo único que no cambia es la necesidad continua de cambio y de adaptación al entorno. Este libro es una verdadera guía de iniciación en el mundo Blockchain, que permite descubrir qué son los criptoactivos, cuál es su origen, por qué se han vuelto tan populares y por qué serán tan necesarios en un futuro ya cercano. La intención del autor con este trabajo es que el lector adquiera los conocimientos necesarios sobre esta tecnología, a fin de que pueda formarse su propia opinión.

La tecnología de cadena de bloques nació en la gran crisis del 2008/2009, como una respuesta a un sistema *fiat* agotado e ineficiente, además de ser también un experimento para descentralizar el sistema monetario, gracias a las funcionalidades que presentaba la tecnología criptográfica de la primera criptomoneda, denominada bitcóin, que permite hacer transacciones financieras digitales entre iguales (P2P) de manera segura y privada, permitiéndote ser tu propio banco sin la necesidad de intermediarios.

Actualmente, podemos afirmar que el dinero *fiat* está perdiendo el 15 % de su poder adquisitivo anual. Mientras, el bitcóin lleva apreciándose un 200 % de media anual desde hace una década.

Uno de los objetivos que busca este libro es ayudar al lector a comprender por qué existen problemas con el actual sistema económico y monetario, por qué se inventó Bitcoin para proporcionar una alternativa, cómo se ha desarrollado un criptomercado a partir del código fuente de esta primera criptomoneda y cómo esta tecnología criptográfica está cambiando la política y la sociedad, como el ejemplo de El Salvador, que se ha convertido en el primer país del mundo en considerar al bitcóin como moneda de curso legal.

Por otra parte, los modelos de negocio innovadores se han impuesto a los modelos de negocios tradicionales gracias a la necesidad de transformación digital, donde la tecnología está ofreciendo nuevas oportunidades de negocio, como es el caso del Big Data, la inteligencia artificial, el

Internet de las cosas, la biotecnología, la nanotecnología y, por supuesto, el *blockchain*. Las tecnologías apuntadas han dado paso a nuevos modelos de negocio que están cambiando la economía y la sociedad, la forma que tenemos de relacionarnos e inclusive de comportarnos. Este proceso responde a una dinámica clara, a una estructura que se ha dado a lo largo de todas las revoluciones tecnológicas y que sigue un proceso que: 1) comienza con un avance científico, 2) que se materializa en una nueva tecnología, 3) que termina llegando al mundo de los negocios por las productividades que aporta y 4) que termina cambiando las organizaciones económicas y sociales.

De la misma manera que Internet cambió para siempre los modelos de negocio de industrias y empresas centenarias, la cadena de bloques está dando lugar a un nuevo patrón económico basado en la descentralización de la confianza, donde todos podremos intercambiar bienes y servicios sin necesidad de terceros.

Con *blockchain* estamos asistiendo al nacimiento de una tecnología que propone nuevas formas de optimizar nuestras relaciones, ahorrar costes administrativos, favorecer cooperaciones sectoriales y todas las posibilidades imaginables. Eso sí, todas estas aplicaciones deberán sustentarse en la seguridad informática y jurídica que se irán articulando con el paso del tiempo.

Además, en plena era del conocimiento, hemos pasado de unas organizaciones donde la fuente de valor se centraba en los activos tangibles a actualmente, donde los activos intangibles gozan de la mayor importancia y protagonismo en la economía. En este contexto, además de oportunidades, también existen riesgos, como la falta de seguridad tecnológica, de información, etc.; riesgos que se intentan cubrir con la ciberseguridad.

Por último, solo puedo decir que la nueva economía *blockchain* ha venido para quedarse. El *blockchain* ya es al capital lo que Internet fue a la información. La cadena de bloques proporcionará a las organizaciones, en menos de un lustro: a) disponer de su propio banco gracias a DeFi, b) tener su propia gobernanza automatizada gracias a las DAOs y c) poder gestionar su propia identidad y propiedad intelectual, gracias a los NFT.

Mi más sincera enhorabuena a Óscar Domínguez por el encomiable trabajo de divulgación que ha llevado a cabo con su obra.

Doctor Ismael Santiago Moreno
Profesor doctor de Finanzas e investigador de la
Universidad de Sevilla.
CEO OLIVACHAIN R&D.

Introducción

Quiero darte la bienvenida a este libro que pretende ser de ayuda para que conozcas de forma sencilla qué es Bitcoin y todo lo que necesitas saber sobre el dinero digital.

▶ ¿A quién va dirigido este libro?

Este libro se dirige a todas aquellas personas que han oído hablar de las criptomonedas pero no han profundizado en este tema. Personas que no tienen experiencia pero quieren aprender a usar el dinero del futuro. Si has llegado hasta aquí, te felicito.

▶ Objetivos

Según vaya avanzando en el libro irás descubriendo de forma amena y en un leguaje sencillo qué es Bitcoin, pasando por una breve historia desde su creación a nuestros días hasta llegar a conocer si realmente tienen futuro las criptomonedas.

▶ ¿Por qué debes leerlo?

Bitcoin y las criptomonedas son el dinero del futuro, entonces la razón es sencilla, se trata de tu dinero.

El libro se ha escrito evitando términos muy técnicos pero sin perder de vista el principal objetivo, aportar valor.

¿Qué es Bitcoin?

Bitcoin es hoy por hoy conocido como el Internet del dinero. Es, de hecho, la primera criptomoneda del mundo, diseñada como un protocolo de comunicación consensuado entre pares, que a través de una red P2P *(peer-to-peer)*, permite transferir valor por Internet, como si de un correo electrónico se tratase.

La idea de Bitcoin fue dada a conocer en 2008 a través de un documento técnico compartido por una persona o un grupo de ellas, en forma anónima, empleando el pseudónimo de Satoshi Nakamoto. Después de su presentación meses más tarde, su red y Blockchain fueron oficialmente lanzados en enero de 2009, para comenzar un interesante viaje hasta el día de hoy, en que esta criptomoneda cambió la historia de las finanzas globales, gracias a su enorme potencial disruptivo.

Su diseño está elegantemente estructurado con el fin de sacar de la ecuación al sistema financiero y a los intermediarios que encarecen el uso del dinero, mediante el cobro de comisiones en ocasiones excesivas. Este protocolo funciona sobre Internet y fue diseñado para que, a través de una red consensuada, se puedan transferir unidades de valor económico entre dos o más personas, sin necesidad de confiar en un tercero que sirva de intermediador para la transferencia de los fondos. Debido a este concepto de libertad financiera que representa el Bitcoin, se han ido construyendo las bases de una nueva realidad financiera que ha llevado a un cambio disruptivo del sector bancario mundial.

Bitcoin básicamente creó las bases para desarrollar un nuevo paradigma financiero más personal que muchos han denominado "con Bitcoin, tú eres tú mismo banco", con una nueva estructura, nuevos sistemas de pago y monedas completamente digitales, así como también mayor control de las finanzas personales, que funcionan entre pares descentralizados, sin una autoridad central o intermediarios.

Desde la llegada de Bitcoin también comenzó a hacerse conocida su tecnología subyacente, la cadena de bloques o *blockchain,* hoy en día denominada de forma comercial Distributed Ledger Technology (DLT) o tecnología de libro mayor distribuido. Con este cambio disruptivo también hicieron su aparición las empresas Fintech (un acrónimo de *Finance* y *Tech,* que se traduce como "tecnología financiera"); estas comenzaron a ganar terreno a los bancos tradicionales con servicios de alta tecnología ligadas a las finanzas personales. Cambios que se han transformado en un fenómeno disruptivo, que incluso llegó al corazón del propio sistema financiero global, con la llegada de la próxima generación de CBDC (monedas digitales de los bancos centrales), las cuales serán de uso común en los próximos años, funcionando de forma paralela en algunos casos al papel moneda emitido por los países. Además, Bitcoin puede ser el primer sistema de contabilidad de triple entrada que se hizo masivo en el mundo, concepto que se basa en el hecho de que las partes que pueden intervenir en una transacción cuentan con un tercer registro público y auditable con los datos registrados de la misma. Por lo tanto, ninguna organización, tipo banco central, gobierno u otro, controla el registro de estos datos, que además no pueden ser pirateados o subrepticiamente alterados para perjudicar a una de las partes.

Con Bitcoin cada transacción registrada en la cadena de bloques es autenticada y enlazada al conjunto de bloques que componen el libro mayor distribuido, que está compartido en la red. En consecuencia, la contabilidad de triple entrada basada en la cadena de bloques del bitcóin proporciona una única versión compartida de la verdad, basada en un sistema incorruptible que no se puede manipular. Sin embargo, Bitcoin va más allá de la transferencia de valor y de fenómeno disruptivo, ya que se trata de la primera red entre pares de pago descentralizado que se usa como reserva de valor.

Desde hace algunos años, la principal criptomoneda del mercado criptográfico se ha convertido en una moneda de reserva de valor, desplazando incluso a los *commodities* naturales como el oro, la plata, el platino o incluso el paladio como reserva estacionaria de valor.

La frase célebre con la que comenzamos estas páginas, "Bitcoin es el Internet del dinero", se debe a que su capacidad transformadora en pocos años ha logrado moldear el futuro de las finanzas, ya sea desde el punto de vista económico o tecnológico, por lo que con su llegada, las formas en que se manejan las finanzas cambiaron para siempre.

Breve historia del Bitcoin hasta nuestros días

Transcurría el año 2008, en pleno auge de la crisis financiera global debido al colapso de la burbuja inmobiliaria que se había iniciado en los Estados Unidos en el año 2006. Unos meses después, en octubre de 2007, esta derivaría en la llamada crisis de las hipotecas *subprime* y durante el año siguiente se contagiaría a todos los bancos y al sistema financiero en general a nivel global, convirtiéndose en un problema sistémico en todas las economías del mundo. Es justo en ese momento delicado de historia cuando fue dado a conocer el concepto base de lo que sería Bitcoin a un pequeño grupo de interesados de una lista de distribución denominada Cypherpunks. Una idea que más tarde se convertiría, para dicha de unos y desdicha de otros, en el precursor de la economía digital como la conocemos hoy en día.

El 31 de octubre de 2008 quedó marcado en la historia como el día en que Nakamoto, el creador de Bitcoin, haría del dominio público su desarrollo, tras estar decepcionado del sistema financiero mundial. Inspirado en ideas propias del ciberactivismo, con sus conocimientos en criptografía y programación, desarrolló un sistema de pagos que podía funcionar paralelo a la banca tradicional y al sistema económico controlado por los gobiernos. Aquella lista de correo de criptografía registró la publicación con un mensaje titulado "Papel de efectivo electrónico P2P de Bitcoin[1]". En él había un enlace a un documento técnico llamado "Bitcoin: un sistema de efectivo electrónico de igual a igual", que sería realmente el inicio de un fascinante viaje al futuro a través de la primera criptomoneda concebida en el mundo por alguien que, a pesar de haber sido nominado para recibir un premio Nobel en economía, todavía se desconoce quién o quiénes son.

Un personaje anónimo como Nakamoto realizó su presentación de Bitcoin como una moneda digital descentralizada, que no posee un administrador único, sino una base de datos apilada, que opera como un libro mayor distribuido, totalmente público, donde se registran las transacciones que cualquiera puede almacenar en su computadora. Este *paper* de Nakamoto detalla los métodos de uso de una red *peer-to-peer* para generar lo que él describió como "un sistema para transacciones electrónicas sin depender de la confianza". Gracias a esta novedosa idea en ese momento, las monedas se podían enviar entre usuarios de la red P2P de Bitcoin sin la necesidad de intermediarios, creando una forma real y segura de gestionar el envío de valor por Internet, de forma totalmente electrónica.

Esta publicación había sido planeada con anterioridad, pues de hecho Nakamoto ya había adquirido el dominio de Internet bitcoin.org, varios meses antes de que hiciera público el concepto que estaba en desarrollo. El 18 de agosto de 2008 quedó registrado el nombre de ese dominio, el cual sería hasta el día de hoy un sitio informativo dedicado a ayudar a educar, promover y facilitar la comprensión de lo que es Bitcoin, ayudando a entender cómo usarlo, así como también a cómo adquirirlo. Tras el anuncio, unos meses más tarde llegaría el día inaugural. El 3 de enero de 2009, la red Bitcoin fue lanzada de forma oficial, con un Nakamoto presumiblemente nervioso y a la vez feliz, extrayendo el bloque génesis de Bitcoin (bloque número 0), que para ese momento generaba una recompensa de 50 bitcoines, con un texto incrustado en la base de monedas de este bloque que dice: "The Times 03/ene/2009. Canciller al borde de un segundo rescate bancario", haciendo referencia irónicamente a un titular del diario The Times del Reino Unido, publicado en esa misma fecha 3 de enero de 2009, cuya nota se ha interpretado como una marca de tiempo de la fecha de génesis, además de un comentario sarcástico sobre la inestabilidad causada por la banca de reserva fraccionaria dominante en el sistema financiero mundial.

Pocas horas después, se sumaron nuevos *early adopters* a Bitcoin, para comenzar la épica historia de esta criptomoneda hasta nuestros días. Entre los primeros adoptantes y contribuyentes de Bitcoin estuvo el programador Hal Finney, quien además se convirtió en el primer receptor de la primera transacción de bitcoines, la cual tuvo lugar aproximadamente a la semana de haberse minado el primer bloque. Finney descargó el *software* de Bitcoin Core el día de su lanzamiento y recibió 10 bitcoines de Nakamoto en la primera transacción de bitcoines del mundo, el 12 de enero de 2009 (bloque 170). Más tarde se sumaron otros grandes del grupo de la lista de correos de Cypherpunk. Desde Wei Dai, creador del sistema de pagos predecesor de Bitcoin, conocido como *B-Money*, hasta Nick Szabo, creador del otro sistema de pagos predecesor a Bitcoin, conocido como *Bit Gold*.

Por un lado, B-Money, creada por Dai, estaba destinado a ser un sistema de efectivo electrónico distribuido y anónimo, para lo cual hacía uso de muchos de los mismos servicios y características que las criptomonedas contemporáneas también ofrecen en la actualidad, mientras que por el otro Bit Gold, creada por Szabo, también combinaba diferentes elementos de criptografía y minería para lograr la descentralización. Todos estos elementos incluyen bloques con sello de tiempo que se almacenan en un registro de título y se generan mediante cadenas de prueba de trabajo (PoW). Ello hizo que muchos investigadores de Bitcoin establecieran paralelismos tan estrechos entre ambos desarrollos, llevando a muchos a especular que Szabo era el creador anónimo de Bitcoin que se esconde tras el pseudónimo de Satoshi Nakamoto, algo que el propio Szabo ha negado repetidamente. Estos primeros *early adopters* bajaron el primer cliente de Bitcoin, que era de código abierto, desde SourceForge, cuyo lanzamiento para descargas se hizo el 9 de enero de 2009, apenas unos días después de la creación del bloque génesis.

Nakamoto, quien siempre había estado en contacto con el grupo de la lista de correos, compartiendo datos técnicos, datos económicos, soluciones del código, ideas, así como fundamentos básicos de por qué diseñó de esta manera su versión del dinero virtual, un día, tras haber minado cerca de un millón de bitcoines, a finales de 2010 desapareció de cualquier participación o aporte al proyecto Bitcoin, sin revelar mucho sobre su identidad o aspectos más personales que permitieran establecer quién era. Pero además, este creador anónimo y secreto desapareció sin mover un solo *satoshi* de cualquiera de sus direcciones personales de Bitcoin. Su último correo electrónico fue enviado el 26 de abril de 2011 a uno de sus colaboradores, y luego desapareció totalmente.

El anónimo Nakamoto, poco a poco había entregado las riendas del proyecto al desarrollador Gavin Andresen, quien luego se convirtió en el desarrollador líder de Bitcoin y pasó a ser la cabeza de la recién creada Fundación Bitcoin. Una organización que es, de algún modo, la cara pública oficial de la anárquica comunidad Bitcoin.

Andresen fue uno de los desarrolladores más activos en solucionar las vulnerabilidades y fallos que poco a poco se fueron encontrando al protocolo. La más importante conocida hasta la fecha fue la ocurrida el 6 de agosto de 2010, cuando se detectó que gracias a una vulnerabilidad en el código, pudiera ser posible que un grupo de transacciones no fuesen verificadas adecuadamente antes de ser incluidas en el registro de transacciones de la cadena de bloques, lo que podría facilitar que usuarios atacantes pudieran eludir las restricciones económicas de Bitcoin para crear una cantidad indefinida de bitcoines. Esta vulnerabilidad fue aprovechada por un atacante, apenas unos días más tarde. El 15 de agosto, se generaron más de 184 000 millones de bitcoines en una transacción y se enviaron a dos direcciones en la red.

Sin embargo, en cuestión de horas la transacción fue detectada y borrada del registro de transacciones después de que se solucionó el error, y la red se bifurcó a una versión actualizada del protocolo Bitcoin, siendo esta la única falla de seguridad importante encontrada y explotada en la historia de este protocolo de transferencia de valor.

Es preciso aclarar que aunque la apasionante historia de esta criptomoneda arranca en 2008, lo cierto es que un desarrollo de esta magnitud requiere bastante tiempo de investigación y desarrollo para una sola persona.

El enigmático personaje que llegó a ser Nakamoto despertó la curiosidad de muchos, pues a pesar que este había dicho que era una persona de sexo masculino, de 37 años de edad y residente en Japón, muchas de sus comunicaciones delataban aspectos que llevaron a algunos a especular que era poco probable que su origen fuera japonés, debido a su perfecto uso del inglés en los *emails,* pero también por su tipo de ortografía y uso de ciertas terminologías en los comentarios del código fuente, muy características del inglés británico; algo más bien propio de alguien que nació en Reino Unido o de algún país como la Commonwealth, bien sea Nueva Zelanda, Australia, Canadá o algún otro, también por el hecho de que el *software* Bitcoin no está ni documentado ni etiquetado en japonés, sino en perfecto inglés.

Además, todavía a la fecha persiste la duda si realmente ese pseudónimo pertenecía a una persona o un grupo de ellas, ya que el desarrollo de un proyecto como Bitcoin, era un esfuerzo muy grande para ser obra de una sola persona, dada la complejidad del código y la creación del proyecto como tal. De hecho, se especula que una persona trabajando a tiempo completo para idear desde cero un proyecto de esta magnitud debió dedicar años a su desarrollo sin hacer otra cosa aparte de esto. Es decir, que con seguridad tenía alguna entrada de dinero que le permitiría pagar las cuentas y dedicarse de lleno a Bitcoin sin tener que trabajar en algún empleo formal.

Inclusive, algunas personas que se han dedicado a investigar el origen del protocolo de Bitcoin y su creador, así como sus implicaciones futuras en muchos ámbitos, han llegado a la conclusión que quizás el desarrollo de este sistema de pagos se remonta al menos diez años más en el pasado, en 1998, cuando varios mensajes en la lista de correo de Cypherpunks llamaron la atención por el tipo de consultas que realizaban. Esta lista de correos fue creada en el año 1992 por un grupo de tres hombres, Timothy C. May, Eric Hughes y John Gilmore, quienes como amigos se dedicaban a compartir información y discutir temas variados sobre varios temas que iban desde las matemáticas a la criptografía, pasando por la política y las ciencias de la computación, llegando hasta la filosofía.

Este intercambio de correos electrónicos poco a poco fue creciendo, debido a que los integrantes de esa lista fue aumentando día tras día, hasta el punto de que para el año 1994 contaba con una base de setecientos usuarios, todos verdaderos genios y especialistas en matemáticas, cifrado libre y seguridad en comunicaciones, así como la privacidad y el anonimato. Este enorme grupo de individuos, bastante inteligentes, se ceñían a un código que fue llamado "Manifiesto de los cypherpunks" creado por Eric Hughes en 1993, bajo la premisa: "Los cypherpunks nos dedicamos a construir sistemas anónimos. Estamos defendiendo nuestra privacidad con criptografía, con sistemas de reenvío de correo anónimo, con firmas digitales y con dinero electrónico. Participamos activamente para hacer que las redes sean más seguras y privadas". Hughes, que es matemático y programador, es reconocido por ser uno de los tres fundadores de esta lista que luego se convirtió en un movimiento. Además de crear la lista de correos, fue quien creó y hospedó el primer servidor de correo anónimo, acuñando el lema: *"Cypherpunks* escriben código"*. Todos estos jóvenes estaban ganados a la idea del trabajo del criptógrafo David Chaum sobre el efectivo digital anónimo, así como los sistemas de reputación seudónimos, que eran poco difundidos en la década de los 80 del siglo xx y que solo unos pocos dominaban. Chaum fue el creador de Ecash, un sistema de dinero electrónico en efectivo criptográfico y anónimo desarrollado en 1983, que implementó a través de su corporación Digicash y se usó como sistema de micropagos en un banco de Estados Unidos de 1995 a 1998.

Esta lista de correo tenía una organización muy particular, y todos sus integrantes conocían tanto la metodología de participación como la forma de abordar las discusiones diarias. Una de sus tareas divertidas consistía en hacer lo que hoy definiríamos como SPAM, que consistía en suscribir a la "víctima" del día a una lista de envíos, para enviarle una avalancha de mensajes que iban desde ataques personales a preguntas que generaban discusión técnica sobre alguna tecnología particular, e incluso discusión política sobre variados temas, que tenían que ser respondidos al mismo tiempo.

Estos jóvenes diferentes al resto de su generación, que solo buscaban practicar su derecho a la libertad de expresión y pensamiento, fue prácticamente un movimiento proscrito por las agencias de seguridad de los Estados Unidos, por considerarlos un grupo de desobediencia civil. Bajo el cobijo de este grupo de personas con pensamientos fuera de serie, nació la primera implementación de un concepto conocido como "moneda criptográfica", la cual fue descrita por primera vez en 1998 por Wei Dai, quien propuso la idea de un nuevo tipo de dinero que utilizara la criptografía para controlar su creación y las transacciones, en lugar de que lo hiciera una autoridad centralizada como los bancos centrales o casas de moneda.

En esa lista de correos se destacaba un joven Adam Back, criptógrafo británico, con un doctorado en informática, catalogado como pirata informático por las agencias de seguridad de Estados Unidos, que fue el creador del protocolo *hashcash,* el sistema de prueba de trabajo utilizado hoy en día en los filtros *antispam,* que casualmente fue implementado dentro del protocolo Bitcoin. Hoy en día Back es conocido por ser el fundador de Blockstream, compañía dedicada a promover el desarrollo de la tecnología *blockchain* y Bitcoin.

También de las entrañas de ese grupo se destacó John Gilmore, activista, programador informático, a quien, además de haber sido uno de los tres fundadores de esa famosa lista de correo, se le atribuye la creación de la jerarquía *alt* (sistema de discusión distribuido en todos los equipos y desarrollado a partir de la estructura de red de acceso telefónico), por citar una de sus muchas contribuciones, incluso dentro del Proyecto GNU de *software* libre, siempre con el objetivo de brindar a los usuarios la libertad y el control en el uso de sus ordenadores y dispositivos informáticos.

Otro de los grandes del grupo fue Hal Finney, un desarrollador en PGP Corporation, que también se convirtió en el segundo desarrollador contratado después de Phil Zimmermann, quien tuvo sus inicios en el mundo de la informática como jefe de desarrollo en varios juegos de consola (Adventures of Tron, Armor Ambush, Astroblast, Space Attack).

Y por supuesto Nick Szabo, un científico informático y criptógrafo, que fue uno de los responsables detrás de la tecnología de *Bit Gold,* un sistema de pagos electrónico creado en 1998 que nunca se implementó, precursor de Bitcoin y base de lo que fue más tarde la base de su arquitectura, razón por la cual muchos piensan que es el candidato a ser la persona detrás del pseudónimo de Satoshi Nakamoto. Años más tarde Szabo sería conocido por ser el creador del concepto de "contratos inteligentes", que diseñó con el objetivo de llevar lo que él llama las prácticas "altamente evolucionadas" del derecho contractual y la práctica de diseño de protocolos de comercio electrónico entre extraños en Internet, gracias a que también posee titulación como abogado.

De este grupo casi antisistema, que reunía lo mejor de lo mejor con ideas verdaderamente disruptivas fuera de su tiempo, es donde se piensa que se fue diseñando la idea del proyecto Bitcoin de Nakamoto.

Aunque no se sabe a ciencia cierta si Nakamoto llegó a participar de este grupo, a muchos les ha llamado la atención un *post* anónimo en esa lista de correo, de hace más de veinte años, que se centró en discutir la idea del *ecash* creada por Chaum. Por ello, todavía en la comunidad criptográfica hoy en día se sigue especulando que ese mensaje anónimo podría haber sido escrito por un Nakamoto en su etapa preparatoria para comenzar el desarrollo de Bitcoin.

Sin embargo, después de que Bitcoin fuera lanzado y se convirtiera en un éxito del que los desarrolladores que comprendían la tecnología querían participar del proyecto, bien como mineros o como colaboradores directos, apenas se intercambiaban monedas entre los usuarios, únicamente por diversión, por lo que se necesitaría más de un año para que se llevara a cabo la primera transacción económica que le daría valor a su moneda.

El 22 de mayo de 2010, un programador de Jacksonville, Florida, de nombre Laszlo Hanyecz, publicó en el foro Bitcoin Talk, el principal lugar de reunión para los bitcoiners en ese momento, un mensaje en el que pedía dos pizzas, para ser entregadas en su casa. A cambio, ofreció pagar el pedido y el envío con 10 000 bitcoines. Por supuesto, su pedido fue aceptado por un británico conocido como *Jercos,* quien pagó con dinero *fiat* las pizzas que le fueron enviadas a Hanyecz a su casa. Dos pizzas grandes de Papa John's, con los ingredientes que pidió, valoradas en 25 dólares estadounidenses, razón por la cual con esa simple transacción se estableció el precio real inicial de las monedas, a un valor de 4 bitcoines por centavo. Hanyecz solo quería hacer el intercambio de alimentos por bitcoines y fijo la suma en un número redondo: 10 000 bitcoines.

Este día crucial para Bitcoin se celebra cada año en lo que se conoce como el *Pizza Day,* un evento que se realiza en honor a este mágico momento que permitió intercambiar bitcoines por un bien material en el mundo real, generando la primera transacción de valor para la criptomoneda.

Diez preguntas que te pueden ayudar a conocer Bitcoin

1. ¿Qué es una criptomoneda?

Una criptomoneda es una unidad monetaria o de cambio que facilita la transferencia de valor entre individuos a través de una red entre pares P2P, para realizar la compra de bienes y/o pagos de servicios en Internet o en el mundo real, mediante un sistema criptográfico basado en una cadena de bloques que registra de forma pública y continua las transacciones que se realicen con la misma.

Las criptomonedas privadas que actualmente están en el mercado son descentralizadas y no están sujetas a ninguna entidad central y tampoco requieren intermediarios; sin embargo, pronto la llegada de las CBDC dará lugar a las criptomonedas centralizadas y dependientes de cada estado. Bitcoin fue la primera criptomoneda en ser utilizada de forma masiva a nivel mundial, y se espera que su adopción en los próximos tres años sea aún mayor, porque se prevé que el valor de la misma escale a nuevos máximos históricos, haciéndola aún más atractiva para los inversores.

2. ¿Quién es el dueño de Bitcoin?

Bitcoin no posee un dueño específico; fue creado por alguien con un pseudónimo para proteger su anonimato, pero bajo ciertas reglas y parámetros, y luego se retiró de su desarrollo, permitiendo que sea la misma comunidad de usuarios y desarrolladores los que decidan el destino de esta criptomoneda sin interferir en modo alguno a lo largo de los años. El código de Bitcoin fue liberado y cualquier persona puede usarlo para modificarlo, mejorarlo o lanzar su propia versión.

3. ¿Quién controla Bitcoin?

Bitcoin no es controlado por alguna persona, pero tiene dos niveles de gobernanza, a pesar de no tener dueño. En el primer nivel está la red descentralizada, que es administrada por individuos y empresas particulares, los cuales hacen la función de mineros mediante equipos ASIC especializados para el algoritmo criptográfico SHA-256. Estos procesan miles de transacciones al día sin detenerse a cambio de una comisión en BTC por esta labor.

En el segundo nivel están los desarrolladores de la Fundación Bitcoin, una organización sin ánimos de lucro estadounidense fundada en septiembre de 2012 con la misión declarada de "estandarizar, proteger y promover el uso de la criptomoneda bitcóin para el beneficio de los usuarios de todo el mundo". Sus lineamientos están inspirados en la Fundación Linux y se financia principalmente a través de donaciones de empresas que dependen de la tecnología de Bitcoin. Esta fundación se encarga actualmente de continuar el desarrollo del protocolo Bitcoin, así como de la introducción de mejoras dentro del código, para lo cual cuenta con una plantilla de desarrolladores y colaboradores.

4. ¿Cuántos bitcoines se podrán emitir?

El número de bitcoines es finito, ya que desde su conceptualización, Bitcoin se desarrolló como un protocolo deflacionario para que preservara su valor y que no se diluyera con la emisión infinita e indiscriminada como sucede con las monedas fiduciarias.

El código del protocolo Bitcoin está limitado a nivel matemático hasta los 21 millones de unidades monetarias. A través de un algoritmo, la red se autorregula para aumentar la dificultad de minado, ajustándose cada 2016 bloques (aproximadamente dos semanas), haciendo más difícil la creación de nuevos bloques, hasta que se cree la última moneda de bitcóin en el año 2140 aproximadamente. Los bitcoines se crean a velocidad predecible y decreciente, haciendo que cada año se reduzca a la mitad de forma automática a lo largo del tiempo hasta que la emisión de bitcoines se detenga por completo. Así que pasarán otros 119 años antes de que el último bitcóin esté en el mercado. Una vez en este punto, probablemente los mineros de la red Bitcoin serán mantenidos exclusivamente por las numerosas y pequeñas tasas de transacciones.

5. ¿Por qué el bitcóin tiene valor?

Bitcoin es un protocolo que se diseñó específicamente para transferir valor en Internet de la forma más sencilla posible, al igual que se puede enviar un correo electrónico. El bitcóin posee valor porque este protocolo replica los atributos básicos del dinero: "durabilidad, portabilidad, fungibilidad, escasez, divisibilidad y reconocibilidad", todo ello basado en propiedades matemáticas exactas, en lugar de confiar en propiedades físicas (como en el oro y la plata) o confiar en autoridades financieras de un país o zona económica (como es el caso de las monedas fiduciarias emitidas por los bancos centrales).

Sin embargo, aunque Bitcoin se basa puramente en las matemáticas y la criptografía, como cualquier moneda, el valor del bitcóin se consigue mediante el uso y adopción por parte de los usuarios, quienes lo emplean como medio de pago, como refugio de valor e incluso para el comercio y especulación en los mercados.

Bitcoin, al no poseer un respaldo en contravalor de ningún tipo, ni estar regida por ningún banco central, debe su valor esencialmente a su uso. Esta criptomoneda posee una capitalización de mercado que ya supera incluso a empresas constituidas como el gigante del entretenimiento Disney, la empresa Ford o incluso de la cadena de comida rápida McDonald's.

6. ¿Cómo se fija el valor del bitcóin?

El valor del bitcóin se establece por una tasa de cambio frente a sus pares en otras divisas fiduciarias o criptomonedas, en función de la oferta y demanda que tenga en el mercado, por lo que su valor obedece exclusivamente a estas leyes, sin que una autoridad o ente externo fije su valor en modo alguno.

No obstante, aunque la oferta y demanda determinan el valor del bitcóin, es posible que algunas variaciones en su precio se deban a circunstancias específicas capaces de impactar en el valor de esta criptomoneda, como las tensiones sociopolíticas y financieras globales, regulaciones legales, comentarios de personalidades influyentes en el ecosistema e incluso el comportamiento de los mercados bursátiles y de criptoactivos.

Aunque su valor se dispare, el bitcóin está diseñado para que se pueda fraccionar en pequeñas unidades de valor, correspondientes a 100 millones de BTC llamadas satoshis.

7. ¿Por qué los grandes bancos dicen que Bitcoin es una burbuja?

Los bancos apenas recientemente están comprendiendo el cambio disruptivo que implica el bitcóin y las criptomonedas, así como las consecuencias de ese ecosistema para su modelo de negocio financiero. Por lo tanto, muchas de sus autoridades están detrás de muchas de las afirmaciones negativas que se señalan al bitcóin de ser una burbuja. Obviamente, esta posición es entendible, pues se ataca su *statu quo* al incentivar la adopción de un sistema que devuelve el control de su dinero a las personas, quienes ahora pueden prescindir de los bancos para realizar pagos o enviar dinero a terceros sin necesidad de requerir los servicios de un banco.

El valor del bitcóin en sí mismo viene asociado a su valor de uso. En su código no hay una línea que coloque un precio de la nada, ya que solo como regla su valor es determinado por las leyes del mercado de la oferta y la demanda.

Si bien es cierto que con los años ha sido susceptible a los cambios bruscos de precio, dominados principalmente por los cambios de sentimiento, como cuando surgen temores de los inversores por regulaciones o prohibiciones en países importantes, los mismos han tenido un fin económico. Incluso cuando también se observa la intervención de actores o influenciadores de gran peso que mueven varios miles de millones de dólares de golpe, lo hacen buscando obtener un rápido beneficio.

Por lo tanto, estas rápidas variaciones en su capitalización del mercado, que pueden derivar en alzas o caídas en su precio, pueden venir de la especulación en los mercados, pero no del activo en sí.

Esta actividad no lo convierte en modo alguno en un activo burbuja, sino que su precio, al estar determinado primordialmente por las leyes del mercado, fluctuará o no su valor dependiendo de cómo se comercie el criptoactivo en los mercados.

8. ¿Por qué en los medios algunas figuras públicas acusan que el bitcóin es una estafa o una pirámide?

Bitcoin no es una estafa en absoluto; todas sus transacciones son públicas y verificables en una cadena de bloques, así que el valor que ingresa en su ecosistema se encuentra allí expresado en BTC. Además, por regla general, las estafas o esquemas piramidales suelen tener un período corto de duración, logrando apropiarse de la mayor cantidad de dinero posible bajo alguna promesa o artimaña, antes de desaparecer con el capital de esas personas.

Por el contrario, Bitcoin no es propiedad de alguna empresa, figura pública, *influencer* o individuo que promociona este activo digital, sino que es un código libre y público, que no es propiedad de nadie, pero a la vez es propiedad de todos los seres humanos, listo para que cualquier persona que desee utilizarlo, lo haga bien sea como canal de pagos o reserva de valor. Si bien es cierto que algunas estafas utilizan Bitcoin como medio de pago, nada tiene que ver con el protocolo.

Ahora bien, es posible que algunos de esos comentarios estén destinados a advertir a las personas antes de adentrarse dentro de las inversiones en Bitcoin y las criptomonedas o también a desincentivar el acceso a la economía descentralizada fuera del sistema financiero tradicional, ya que esto sin duda acarrearía consecuencias más allá de lo previsible, si no se realiza de forma sistémica y gradual.

Estas consecuencias van desde quiebras de bancos y aseguradoras, hasta la imposibilidad de los gobiernos de cobrar impuestos a las actividades comerciales, por mencionar solo los más obvios. Esto es lo que podría traer el hecho que todas las personas se sumen a Bitcoin y dejen de lado los servicios financieros tradicionales. Pero tampoco hay que descartar que esta postura pueda deberse a un profundo desconocimiento de lo que es el ecosistema criptográfico, de cómo funciona un protocolo de valor y lo que es realmente Bitcoin.

9. ¿El bitcóin es como dinero anónimo?

Realmente Bitcoin no es dinero anónimo, ya que no fue diseñado con esa finalidad específica. Esta capacidad sí se puede encontrar en algunas *altcoins* o "criptomonedas alternativas", que sí ofrecen transacciones anónimas.

Bitcoin podría ser descrito como una moneda pseudoanónima, debido al hecho que sus transacciones son públicas y pueden ser consultadas por cualquier persona, pudiendo identificar detalles relevantes como dirección, monto, fecha y hora, así como también se puede seguir cómo se gasta ese dinero, pero en ningún momento esa dirección está asociada a un nombre, DNI o número de identidad de una persona, por lo que solo quienes saben a quién pertenece esa dirección en particular conocen la identidad del propietario.

Sin embargo, debido a que existen métodos de rastreo y de ingeniería forense que tras un seguimiento exhaustivo pudiera llegar a determinar la identidad de una persona propietaria de esa dirección, se recomienda que no se utilice Bitcoin, ya que no ofrece transacciones anónimas.

10. ¿Qué pasa si se crea una moneda digital mejor?

Este escenario no solo es posible, sino que ya es una realidad. Ethereum (ETH), Cardano (ADA), Internet Computer (ICP), EOS (EOS) por mencionar solo algunas, son criptomonedas con un potencial mucho mayor que el que posee Bitcoin hoy en día. Sin embargo, Bitcoin por ahora continúa siendo con diferencia la criptomoneda descentralizada más popular de todas y la que posee mayor capitalización bursátil de todo el mercado criptográfico. De hecho, el volumen diario negociado de Bitcoin supera con creces al resto de las criptomonedas juntas. Pero esto puede cambiar en cualquier momento, en cuanto alguna de las otras criptomonedas resulte más atractiva al mercado.

Por lo tanto, no existen garantías de que Bitcoin mantenga esa posición en el futuro. Todas las criptomonedas mencionadas fueron creadas a partir de la idea original de Nakamoto, pero se han añadido mejoras que les confieren características y usos particulares.

No obstante, igualmente es posible que los desarrolladores encargados de mantener el protocolo Bitcoin adopten mejoras de otras criptomonedas que signifiquen un aporte positivo, sin que ello altere la idea del protocolo original.

Usabilidad de Bitcoin

Han pasado más de doce años desde su creación y sin duda las barreras de entrada al ecosistema de Bitcoin han sido eliminadas en su mayoría. Ahora mismo es más fácil disponer de un monedero y comprar bitcoines que hace unos seis u ocho años atrás. Esto ha derivado en una mayor base de usuarios y por lo tanto, en un mayor uso de esta criptomoneda.

Invertir en el mercado bursátil hasta no hace mucho requería de una cuenta en la bolsa o a través de un *broker,* y realizar una inversión desde 300 dólares en adelante. Sin embargo, entrar en Bitcoin todavía se puede hacer con apenas unos pocos dólares, por lo que esta criptomoneda comenzó a ser vista como una inversión alternativa segura, de bajo costo y redituable, sobre todo en momentos en que los mercados tradicionales (acciones, divisas o materias primas) podían estar bajo presión debido alguna noticia que afectara el sentimiento del mercado.

A medida que esta base de usuarios se va haciendo más grande, va creciendo aún más la capitalización de mercado de Bitcoin, lo cual al final deriva en la necesidad de que los que están fuera del ecosistema también quieran entrar, debido al fenómeno del FOMO. Ello se ve potenciado cada vez que el precio del bitcóin aumenta en los mercados, generando un nuevo ciclo de FOMO para entrar en el ecosistema.

Desde la llegada de la pandemia, una enorme base de usuarios se volcó a los mercados bursátiles y de criptomonedas en búsqueda de oportunidades para generar ganancias. Este creciente sentimiento público en el mercado criptomonedas aumentó significativamente la tasa de usabilidad de Bitcoin.

De hecho, en el escenario económico actual, los inversores están enfocados en resguardar su capital, invirtiendo en activos alternativos como el bitcóin y el oro, ante una posible ruptura en el mercado bursátil, que ya ha sido pronosticada. Para ello tratan de cubrir la alta inflación que ha dejado en la economía global la expansión cuantitativa (EC), realizada por los bancos centrales con la finalidad de cubrir el déficit generado por los cierres.

Bitcoin se convierte en una inversión alternativa para muchos inversores institucionales y minoristas, cuando los mercados tradicionales (acciones, divisas o materias primas) se encuentran errantes o cuando se evalúan que hay riesgo de amenazas serias que afectarán su correcto desarrollo.

Pero es importante aclarar que la usabilidad de Bitcoin va atada al mejoramiento de su código, pues a mayor cantidad de usuarios se generará un mayor volumen de transacciones, lo que en definitiva podría ser un problema a medio plazo si no se toman medidas para mejorar aún más su código, para hacer más competitivo a Bitcoin con respecto a otras criptomonedas o frente a la red de pagos *fiat* de Visa.

Si bien es cierto que desarrollos como el Lightning Network, así como otras mejoras al protocolo de Bitcoin, han sido uno de los factores que ha permitido una mayor adopción, gracias a que se potenció la escalabilidad y seguridad de la red para mejorar su usabilidad, también es cierto que se necesita trabajar en algunas mejoras que permitan ampliar aún más las capacidades de la red, a fin de convertirse en un sistema de pagos competitivo frente a las CBDC que están por llegar y a otras criptomonedas disponibles en el mercado.

Este tipo de factores permiten que la criptomoneda pueda ser adoptada de una manera más fácil por las personas, aumentando la demanda del criptoactivo.

¿Tiene futuro el bitcoin?

Absolutamente, sí. Sin embargo, es preciso aclarar que no todo es tan sencillo, ya que puede haber matices en esta firme respuesta. En primer lugar, la comunidad de desarrolladores debe estar preparada para hacer las mejoras que han sido discutidas en algunas propuestas que están pendientes, con las cuales se podría mejorar notablemente el protocolo para adoptar una mayor capacidad de procesamiento de transacciones. Esto significaría que inmediatamente sería una criptomoneda más competitiva para afrontar los retos de un futuro marcado por una adopción más masiva, pero también frente a las monedas digitales centralizadas o CBDC, que serán emitidas por los bancos centrales.

Las CBDC están siendo desarrolladas por los bancos centrales, no como una forma de mejorar el sistema financiero global, sino más bien como respuesta de los gobiernos hacia el impulso que durante la pandemia han tenido las criptomonedas, a fin de robarles protagonismo, atractivo y poder, e impedir que Bitcoin y el ecosistema criptográfico de monedas desplacen a las monedas fiduciarias en general, siendo ese precisamente es el objetivo final del origen de las CBDC.

Desde que Bitcoin fue creado, la mayoría de las autoridades financieras alrededor del mundo no lo consideraron un peligro, sino más bien como un fenómeno pasajero o como simples fichas de juego. No obstante, con el pasar de los años se dieron cuenta que Bitcoin sí representaba un peligro para el sistema ya establecido, porque trajo consigo un cambio de mentalidad en los individuos, bastante disruptiva y libertaria.

De hecho, Bitcoin comenzó a tener mayor penetración en sectores menos favorecidos, porque llegaba a las personas no bancarizadas, sector al que los bancos tradicionales, por diversas razones, han excluido del propio sistema financiero.

Allí fue cuando los bancos comprendieron que Bitcoin era inclusivo, que no era una simple moda pasajera, sino que además, a medida que fue creciendo en adopción, también se convirtió un microsistema financiero en sí mismo, que permitió a las personas tener el control de sus ahorros, pudiendo resguardar su capital y gastarlo, lejos de la mirada impositiva de los gobiernos y de las onerosas comisiones bancarias.

Finalmente, ante este creciente aumento de la adopción de Bitcoin y las criptomonedas, se comenzó a generar una respuesta de rechazo por parte de los gobiernos, quienes realmente son los que controlan las decisiones económicas de los Estados.

Es bien sabido por todos que ni los políticos ni los bancos están acostumbrados a ceder el poder que poseen sobre el dinero de las personas. Tanto los políticos como la banca ejercen control sobre la emisión y producción de monedas de un país, y no ven con buenos ojos no tener a la vista la cantidad de riqueza que poseen sus ciudadanos, ya que de ello depende el importe a pagar por impuestos. Por ello, Bitcoin y todo el ecosistema financiero criptográfico es en realidad un gran peligro para seguir conservando este control.

Una primera forma de controlar a Bitcoin, así como a todo el ecosistema de criptomonedas, es la emisión de las CBDC con propiedades similares a las monedas criptográficas privadas, pero bajo el control de los gobiernos.

El siguiente paso que realizarán es básicamente limitar su uso, bien sea prohibiéndola abiertamente o gravando con impuestos la tenencia de criptomonedas en los países. De hecho ya se han discutido algunas de estas medidas políticas y otras más en cumbres como el G7 y G20, para organizarse en este sentido.

Este tipo de políticas emanadas desde los gobiernos, a la larga podrían poner una gran presión en el mercado de las criptomonedas privadas descentralizadas como Bitcoin, y sus usuarios.

Sin embargo, como punto a favor de Bitcoin, la existencia del mismo no depende de si un gobierno lo acepta o lo prohíbe, ni tampoco depende de si un determinado gobierno decide gravarlo con impuestos o no, porque finalmente Bitcoin continuará existiendo dentro del mercado para un grupo de inversores y personas que desearán tener su capital lejos del sistema financiero.

Es posible que la usabilidad se vea comprometida, debido al grado de regulaciones que los gobiernos deseen imponer de aquí a algunos años, pero lo cierto es que Bitcoin podrá hacerse camino en un escenario como ese, aunque ello implique alteraciones en su valor y capitalización de mercado.

Si un gobierno o un grupo de ellos determina colocar un impuesto por la posesión o comercialización de Bitcoin, también podría generar un encarecimiento de las transacciones, haciendo que una menor cantidad de personas deseen comerciar en este mercado, afectando en consecuencia de forma negativa el precio del bitcóin. Adicionalmente, una mayor regulación y más impuestos podrían alejar a los inversores institucionales, quienes quizás desistirían de emplear al bitcóin como inversión hasta que no haya una regulación legal más clara y menos restrictiva a favor de las criptomonedas.

De hecho, la salida de este tipo de inversores del mercado de criptoactivos supondría una drástica merma de la capitalización de mercado de las criptomonedas, pues debido al volumen de las inversiones que manejan este tipo de actores del mercado, seguramente podría afectar el valor de las criptomonedas en general, incluido el bitcóin, devolviéndolas a su valor de hace varios años atrás.

Si el escenario político de alguna manera se complica aún más, llevando a un gobierno importante como Estados Unidos o a la misma Unión Europea a declarar totalmente la ilegalidad del uso del bitcóin, su comercio quedaría limitado dentro de distintos espacios, y por lo tanto su precio caería en picado ante una notable disminución de su uso como criptoactivo para comerciar o para resguardo de valor, pero aun así difícilmente desaparecería la criptomoneda.

Aunque estos escenarios son posibles si se observan de forma objetiva, en realidad es poco probable, porque se ha sabido que una gran cantidad de gobiernos en todo el mundo han empleado Bitcoin para experimentar con su tecnología y hacer pruebas de concepto que les permitan comprender aún más el funcionamiento económico y técnico de esta criptomoneda. Así que quizás no veamos un escenario tan negativo como el descrito anteriormente.

A pesar de esta situación, no parece que el futuro sea tan negro, pues ya hay varios gobiernos locales en el mundo que aceptan cobrar sus impuestos y tasas de servicios en Bitcoin, como sucede en el cantón suizo de Zug, en la comuna suiza de Zermatt, que pertenece al cantón del Valais, o en la ciudad de Miami, en el estado norteamericano de Florida, por citar algunos ejemplos.

Además, ya se sabe que el gobierno de El Salvador legalizará este mismo año al bitcóin como moneda de curso legal en ese país. Esto quiere decir que es muy probable que, en lo sucesivo, más gobiernos locales o países enteros adopten Bitcoin como método de pago para que sus ciudadanos y residentes paguen los impuestos o más países legalicen al bitcóin como moneda de curso legal, confiriéndole más peso a esta criptomoneda en el escenario económico global. Más allá de que en los próximos años seamos testigos de los lanzamientos de las CBDC para competir con Bitcoin.

Ahora bien, independientemente del ámbito meramente político y económico, Bitcoin tiene un gran futuro, pues soluciones propuestas como la de RSK (también conocido como Rootstock), una plataforma de contratos inteligentes que agregan valor y funcionalidad al ecosistema de contratos de Bitcoin para la ejecución y pago de contratos casi instantáneos y una mayor escalabilidad de su red, están dándole a esta criptomoneda un impulso hacia un futuro, que muy probablemente esté controlado por Smart Contracts en casi todos los ámbitos de la sociedad.

Gracias a RSK, las personas pueden prestar, pedir prestado, comerciar y ganar intereses sobre su capital en bitcoines, favoreciendo la creación de un ecosistema DeFi asociado a esta criptomoneda, que es la más importante del mercado, sin tener que hacer lo mismo pero en el ecosistema de Ethereum.

Los contratos inteligentes permiten la realización de cualquier tipo de transacciones y acuerdos absolutamente confiables entre partes dispares y anónimas sin la necesidad de mediación de una tercera parte como una autoridad central, un sistema legal (como un notario o un registrador público) o un mecanismo de cumplimiento externo, pues es un código que se ejecuta transparentemente, cumpliendo ciertos requisitos para su ejecución. El poder de los contratos inteligentes permite hacer desde la reserva de viajes, vuelos, hoteles hasta vehículos de alquiler, hacer compras regulares de mercado y mucho más, de forma automatizada con Bitcoin. Estos han sido solo algunos ejemplos sencillos del poder de esta función, que fue creada en primer lugar para el ecosistema de Ethereum, y que ahora es posible encontrar en otras criptomonedas de forma nativa.

No cabe duda que el futuro será controlado mediante criptomonedas, sean estas privadas o emitidas por los bancos centrales de los países. Es posible que muchos sistemas de pago *fiat* de la actualidad, como Visa, Mastercard o el mismo PayPal, muten a algo totalmente diferente, que se ejecute mediante contratos inteligentes y opere con criptomonedas, pero solo el futuro lo dirá.

Sin embargo, de ahí la certeza de que, a juicio de muchos, Bitcoin tiene desde ya un lugar reservado en esa nueva realidad.

Casos de uso

Bitcoin ha tenido variados casos de uso, algunos más legítimos que otros, de acuerdo a las circunstancias que llevaron a su adopción para resolver algún problema. Básicamente, al ser Bitcoin un protocolo de transferencia de valor, ha sido empleado para usos que van desde eludir los bloqueos económicos basados en temas políticos hasta para recaudar fondos para atender a los refugiados sirios en Europa o llevar a las personas desbancarizadas, servicios financieros y DeFi de la mano de esta criptomoneda.

Bitcoin ha sido empleado en innumerables situaciones. El caso de uso más clásico es el de WikiLeaks, una organización internacional difusora de noticias sin fines de lucro que se dedica a la publicación de noticias, información secreta y basado en fuentes anónimas, que ha causado varias veces revuelo mundial por el calibre de lo que ha filtrado.

WikiLeaks se metió en problemas después de la publicación de documentos secretos del gobierno de los Estados Unidos. Tras ello, el Departamento de Estado de la nación más poderosa del mundo ordenó en 2010 un bloqueo financiero de las donaciones a esa organización de noticias que recibieran a través de empresas estadounidenses. Ello llevó a varios bancos de ese país, las redes de tarjetas de crédito internacionales Visa y Mastercard, el Bank of America, así como a PayPal –el servicio de pagos en línea más grande e importante del mundo– a que tomaran parte en ese bloqueo económico para ahogar a WikiLeaks. Este método de censura económica rindió frutos, porque al cabo de algunos meses el portal de filtraciones ya se encontraba en problemas económicos al no poder sustentar su actividad en línea.

Más tarde, los pocos pagos que recibían por Western Union también fueron bloqueados, acrecentando el problema financiero de WikiLeaks. Esta situación llevó a su fundador, el programador australiano Julian Assange, a buscar alternativas para recibir las donaciones, que al final eran su principal fuente de financiación.

Eran los últimos meses del año 2010 y WikiLeaks no pasaba por su mejor momento, por lo que Assange vio en Bitcoin la que podía ser su tabla de salvación. Bitcoin fue creado precisamente para luchar contra la hegemonía el control financiero sobre las personas y WikiLeaks nació para revelar la verdad por muy dura que fuese, por lo que parecía que ambos proyectos estaban hechos el uno para el otro. Sin embargo, no todo era tan fácil como parecía.

De acuerdo con lo que cuenta el propio Assange en su libro *Cuando Google encontró a WikiLeaks,* el propio Nakamoto, creador de Bitcoin –sea quien este fuera– no estaba de acuerdo con que Assange utilizara la incipiente red de pagos de Bitcoin del 2010 para recibir pagos de terceros. En el foro de discusión de Bitcointalk, una gran cantidad de programadores y entusiastas de Bitcoin apoyaban la idea de que WikiLeaks pudiera recibir pagos en BTC. Sin embargo, durante un hilo donde se abrió el debate sobre la conveniencia de que las donaciones a WikiLeaks pudieran realizarse directamente en bitcoines, se evidenció la postura de Nakamoto.

Mientras una abrumadora mayoría de los participantes veían con buenos ojos la asociación de ambos proyectos, un mensaje en ese mismo hilo, publicado el 5 de diciembre de 2010, dejó en claro que esto no era oportuno. Este mensaje escrito por Nakamoto pedía que WikiLeaks se olvidara de recibir pagos en bitcoines por un tiempo, diciendo lo siguiente:

> No, no estoy dispuesto a enfrentar riesgos. El proyecto necesita crecer de forma gradual para que el *software* pueda ir ganando la fuerza necesaria al ritmo adecuado. Desde aquí hago un llamamiento a WikiLeaks para que se abstenga de utilizar Bitcoin, pues es un sistema aún en fase experimental y con mucho camino por delante hasta que resulte realmente útil. Por ahora no se podría obtener más que calderilla, y el calor generado por su uso descontrolado en esta fase tan temprana nos destruirá.

Tras leer esto, Assange solo pudo retrasar la adopción de Bitcoin como sistema de recaudación de pagos por algunos meses. De hecho, Nakamoto no estaba a gusto con la situación; prefería que la presión política que sufría WikiLeaks no se contagiase a Bitcoin, que para ese momento todavía era demasiado joven para resistir las consecuencias de estar en el ojo del huracán del poder financiero estadounidense. No fue sino hasta varios días después de ese primer mensaje, cuando Nakamoto volvió a publicar en el foro un segundo mensaje respecto al tema de la adopción de Bitcoin como medio de pago por parte de WikiLeaks, donde dijo:

> Hubiera preferido recibir toda esta atención en cualquier otro contexto. WikiLeaks ha destruido prematuramente el nido de avispas y el enjambre se dirige furioso directamente hacia nosotros.

Esta sería lo que muchos catalogan como una de las últimas participaciones de Nakamoto en Bitcointalk, no solo sobre este tema, sino sobre cualquier otro tema relacionado con Bitcoin, ya que apenas dos días después de este mensaje, la cuenta que todos asociaban con Nakamoto desapareció del foro y de la comunidad Bitcoin, probablemente para siempre. El supuesto creador de Bitcoin se esfumó después de que Assange destruyera, a juicio del misterioso Nakamoto, "el nido de avispas", y a pesar de que WikiLeaks retrasó por algunos meses más la adopción de Bitcoin como canal de pago, respetando la decisión del creador detrás de la criptomoneda más poderosa del mundo.

Assange dice en su libro que tras la intervención de Nakamoto, la organización se mostró de acuerdo con este y "tomó la decisión de aplazar el lanzamiento del canal de donaciones en bitcoines hasta que la divisa se hubiese estabilizado". Meses más tarde llegó la salvación para

WikiLeaks, pues a partir del 14 de junio de 2011 la organización sin fines de lucro detrás del sitio web de noticias y filtraciones globales más polémico del mundo, comenzó aceptar bitcoines para sus donaciones.

A partir de ese momento, WikiLeaks, que había conseguido en donaciones la cantidad de 4025 bitcoines, vio como sus ganancias se multiplicaron de forma exponencial en más del 50 000 %. Ahora la organización acepta donaciones mediante Zcash, Monero e incluso Litecoin, junto con sus donaciones mediante Bitcoin, que no ha abandonado.

Años más tarde, en 2018, la organización sin fines de lucro WikiLeaks recibió otro golpe cuando Coinbase cerró su cuenta en el popular servicio de intercambio de criptomonedas, aduciendo que esta decisión había respondido a los esfuerzos para cumplir con regulación estadounidense, en particular con el Departamento del Tesoro de los Estados Unidos. Como se puede observar, Bitcoin pudo salvar del cierre por bancarrota a esta organización sin fines de lucro que es perseguida por el tipo de contenido que ha filtrado, que obviamente tiene carácter confidencial.

Aunque desde el gobierno de Estados Unidos ha habido un trabajo arduo por cerrar económicamente a WikiLeaks, el haber adoptado Bitcoin como medio de pago para recibir donaciones permitió que no fueran cerrados.

Si por el contrario Assange solo manejara donaciones en dinero fiduciario como el dólar estadounidense o el euro, estaría entrando en regulación de los gobiernos, y por lo tanto caería en el control financiero, pudiendo confiscar sus cuentas y fondos como ya ocurrió en 2010, lo que pudo evitar gracias al uso que hizo de Bitcoin.

Bitcoin fue creado con un fundamento libertario, precisamente para permitir a las personas utilizar su capital de la forma que consideren conveniente.

Sin embargo, este no ha sido el único aporte de Bitcoin, pues lo que realmente ha cambiado al mundo es la tecnología subyacente detrás de este sistema de pagos. El *blockchain* o cadena de bloques, a pesar de ser una tecnología relativamente joven, ha logrado reducir los costos generales de tecnología en implementaciones en donde se requiere un sistema robusto, a prueba de alteraciones, que sea transparente y que pueda funcionar descentralizado.

La cadena de bloques como solución no solo ha incrementado la seguridad de los datos, sino que también ha presentado una nueva forma de ver y compartirlos. Esta tecnología subyacente que nació con el bitcóin, ha ido moldeando al mundo tras once años de evolución continua, por lo que hoy en día es posible ver todo tipo de soluciones basadas en cadenas de bloque.

Ahora es prácticamente normal observar soluciones basadas en cadenas de bloques desplegadas en una gran cantidad de ámbitos, desde sistemas de votación, sistemas de administración de recursos financieros, sistemas de transporte y logísticos, sistemas de trazabilidad de productos y alimentos, sistemas de autenticidad de productos, pasando por sistemas de gestión de recursos gubernamentales hasta sistemas de *Big Data* e inteligencia artificial, ya que sus aplicaciones son prácticamente infinitas.

El uso del bitcóin ha ayudado a impulsar iniciativas en muchos ámbitos a nivel mundial. Por ejemplo, uno de los casos de uso del bitcóin más sonados ha sido el que se diseñó para varios programas dentro de la Organización de las Naciones Unidas (ONU), como el programa de recaudación de Unicef. Este se explica en el informe financiero y estados financieros auditados correspondientes al ejercicio terminado el 31 de diciembre de 2019 e informe de la Junta de Auditores, realizado por el Fondo de las Naciones Unidas para la Infancia, en el cual se especificó que en junio de 2019 se puso en marcha un proyecto piloto para aceptar contribuciones en las criptomonedas bitcóin y ether, utilizándose estas en los objetivos de los diferentes programas de la organización.

A través de este programa de recaudación en criptomonedas, los proveedores de ayuda y los beneficiarios, en última instancia, tenían garantizado que se redirigieran de forma correcta más fondos para acabar con el hambre en los países y regiones donde se implementó esta solución. Como tecnología fundamental similar a Internet, *blockchain* tiene el potencial de mejorar muchos aspectos de la operación humanitaria de esa organización.

De acuerdo a los detalles de ese informe, se había aprobado el fondo denominado en criptomoneda con un tope de 1000 BTC, y 10 000 ETH, con la opción de duplicar el fondo siempre que las contribuciones se hayan utilizado sustancialmente de acuerdo con los objetivos de la Oficina de Innovación sobre el terreno.

Cada criptomoneda recibida en 2019 se distribuyó inmediatamente después de su recepción a los asociados en la ejecución, de conformidad con los acuerdos de contribución.

Esta acción nace de la creación de un fondo de contribuciones en especie, que consistía en un proyecto piloto limitado de fondo de criptomonedas aprobado en 2019, por el que se permitió recibir en colaboraciones hasta un máximo de 2 000 BTC y 20 000 ETH.

De acuerdo a las normas de creación del proyecto, se estimaba que las contribuciones voluntarias en criptomonedas se consideran contribuciones en especie y se estiman a su valor razonable en la fecha de recepción, cuyo objetivo final era destinar recursos al fondo de innovación del UNICEF. De hecho, no había activos ni pasivos denominados en criptomoneda pendientes al final de ese ejercicio, por lo que todos los fondos fueron usados de manera satisfactoria para esa agencia de la ONU.

Pero este no es el único caso de uso del bitcóin dentro de los programas de las Naciones Unidas, pues ha habido pequeños proyectos de tarjetas prepagadas en bitcoines que fueron distribuidas en campos de refugiados sirios, con la finalidad de que puedan comprar alimentos en los sitios autorizados, aunque el caso de uso más notorio es el del Programa Mundial de Alimentos (PMA).

A principios de 2017, el PMA dio los primeros pasos para aprovechar la tecnología *blockchain* que fue creada para el bitcóin, con la finalidad de transformar la lucha contra el hambre en el mundo. La tecnología de la cadena de bloques, ofrece sin lugar a dudas oportunidades únicas para que los trabajadores humanitarios mejoren nuestra capacidad de brindar asistencia eficaz y eficiente a las personas a las que son ayudadas por el programa de las Naciones Unidas. Además, el uso de esta tecnología ha ayudado a ahorrar millones de dólares en costos operativos y financieros.

El PMA, con el pasar del tiempo, había cambiado drásticamente su enfoque hacia las transferencias en efectivo para atender a millones de refugiados en el mundo, así como a millones más que pasan por problemas para acceder a los alimentos en sus países de origen, derivado de las guerras, desastres naturales o los problemas socioeconómicos. Pero ello se traducía en un mayor costo operativo, por la necesidad del transporte de efectivo o la emisión de tarjetas de débito para realizar las compras.

Gracias al uso de la tecnología *blockchain* este panorama cambió, pues no solo se redujo significativamente el costo operativo, sino que al mismo tiempo se mejoró la protección de los datos de los beneficiarios, así como las velocidades de implementación y despliegue de las ayudas en el campo. Debido a la forma innovadora en que la cadena de bloques estructura y organiza los datos, se proporciona una forma de compartir información y transferir activos digitales de una manera rápida, rastreable y bastante segura, que además puede ser auditada de forma inmediata.

Esta tecnología emplea un tipo de libro mayor digital distribuido alojado en una red de múltiples participantes, mediante una estructura "sin confianza" –lo que significa que ninguna parte de la red necesita confiar entre sí–, permitiendo almacenar datos en bloques encadenados que son inmutables y seguros, que además genera múltiples copias distribuidas que eliminan el riesgo de fraude, robo o manipulación de datos. Pero una de las cosas más interesantes es la eliminación de terceras partes que antes funcionaban como intermediarios, es decir, los bancos u otras instituciones, que aumentaban notablemente los costos de la operación del PMA a causa de las tarifas que cobraban por el manejo, transformación y envío del dinero a ese programa.

La trazabilidad de los flujos de información y la reducción de los tiempos de transacción que facilita la tecnología de la cadena de bloques, coadyuva al PMA en la realización de intervenciones más eficaces y eficientes.

Hasta la fecha se han desplegado las soluciones basadas en *blockchain* en varias partes del mundo, para realizar las pruebas de concepto. Uno de los primeros lugares donde se implementó fue Pakistán, en el centro de la provincia de Sindh, donde el proyecto de cadena de bloques, denominado Building Blocks[2], se probó para resolver diversos problemas a nivel de campo.

En ese lugar, el PMA puso en práctica la cadena de bloques para autenticar, registrar y conciliar transacciones de asistencia alimentaria y en efectivo. Cada entrega de asistencia alimentaria que recibían los beneficiarios del programa que se realizaba en especie y con el complemento de una transferencia en efectivo del PMA, el proveedor a cargo de la operación ingresaba las transacciones codificadas en el sistema para ser autenticadas y registradas en una cadena de bloques pública a través de una interfaz de teléfono inteligente mientras esperaban. Con este sencillo uso del *blockchain,* los informes de transacciones conciliaron luego con los desembolsos, garantizando la confianza entre las partes.

Tras esa experiencia, el área de innovación tecnológica del PMA de la ONU adaptó los aprendizajes clave, luego de confirmar la viabilidad técnica y la usabilidad de un sistema basado en una cadena de bloques básica, con lo cual comenzó el desarrollo de un motor de *blockchain* robusto para respaldar múltiples facetas de CBT, con la conciliación de transacciones como primer paso, el cual sirvió de base para el proyecto *Building Blocks* del PMA.

Pero por otro lado, más allá de los buenos casos de uso que han generado un impacto positivo, en los medios tradicionales del *mainstream* siempre se pone más énfasis en el uso que se ha hecho de Bitcoin y de la cadena de bloques para negocios oscuros, la ciberdelincuencia, así como mecanismo de recaudación de fondos de grupos terroristas.

Quizás algunos ya conozcan la historia de *Silk Road,* en español, Ruta de la Seda. Este era un sitio web fundado en febrero de 2011, que funcionaba como un mercado negro en línea y el primer mercado moderno de la *Dark Web,* popular por ser un espacio digital donde se podía realizar compra y venta de drogas ilegales, y que utilizaba a Bitcoin como medio de pago.

El acceso a este sitio se llevaba a cabo a través del navegador Tor, ya que este portal funcionaba como un servicio oculto de Internet, por lo que sus usuarios podían navegar de forma anónima sin necesidad de preocuparse por una posible supervisión del tráfico.

Este servidor fue durante años el quebradero de cabeza de las autoridades, pues su elaborado diseño y configuración de seguridad lo convertían en prácticamente un sitio web invisible y casi imposible de rastrear. De hecho, muchos analistas de seguridad consideraban que *Silk Road* era, con mucho, uno de los mejores y más seguros sitios web de la *Dark Web,* no solo por lo impenetrable de su seguridad, sino también por el tipo de servicio que brindaba en la red oscura. Prácticamente se convirtió en un referente obligado en el comercio de narcóticos.

Hasta la fecha nunca se sabrá con certeza cuánto es el monto que llegó a manejar *Silk Road* y su creador Ross Ulbricht, antes de ser encarcelado en 2013, recibiendo una primera sentencia de un mínimo de 30 años de prisión por siete cargos delictivos. Posteriormente, en 2015 fue sentenciado a cadena perpetua por una corte federal de Manhattan, después de haber sido hallado culpable de esos mismos siete cargos.

Este juicio tuvo un seguimiento y atención por parte de los medios, que comenzaron apoyar la teoría incorrecta de que el bitcóin era solo dinero para delincuentes y traficantes. Esta teoría venía siempre desde las más altas esferas del sector financiero como Jamie Dimon, el banquero multimillonario, presidente y director ejecutivo del JPMorgan Chase, el más grande de los cuatro grandes bancos estadounidenses, por lo que para muchos esta afirmación se convirtió en una verdad.

La afirmación de los grandes banqueros se vio reforzada más tarde, cuando en el año 2017 los ataques con *ransomware* comenzaron a ser cada vez más populares en el mundo.

Había nacido la época del *WannaCry,* también conocido como *WanaCryptor 2.0,* un programa dañino de tipo *ransomware,* que encripta los datos del disco duro de un equipo para luego pedir un rescate en bitcoines, a cambio de la llave de encriptación, que permitiría devolver los datos al propietario del equipo.

El caso más sonado, fue el 12 de mayo del 2017, cuando al menos 141 000 ordenadores fueron atacados en todo el mundo con *WannaCry*, lo cual hizo que los medios y la prensa en general pusiera énfasis en la percepción negativa que todavía gira alrededor del bitcóin.

Luego, en medio de la batalla en el Oriente Medio contra el grupo terrorista llamado Estado Islámico de Irak y el Levante, también conocido como Estado Islámico de Irak y Siria o EIIL, el autodenominado Califato Islámico comenzó a pedir a través de un vídeo enviado en Telegram donaciones en bitcoines para su causa, ya que esta red de mensajería era considerado como "un canal seguro". Sin embargo, este video no tardó en llegar a las autoridades que luchaban contra este grupo terrorista.

Ello reavivó la polémica que señalaba que Bitcoin era utilizado exclusivamente por delincuentes, terroristas y personas con fines oscuros para ocultar el dinero lejos de la mirada de las autoridades de seguridad de los países.

Por otro lado, Bitcoin ha sido usado por países como Venezuela e Irán, cuyos gobiernos, junto a los países que forman parte de ese bloque, han tenido fuertes diferencias con Estados Unidos, los cuales han impuestos sanciones de forma unilateral contra ambas economías.

Tanto Venezuela como Irán han destinado parte de sus recursos a la minería de criptomonedas, con el fin de usarlas como moneda de pago en transacciones financieras que no puedan ser embargadas por las sanciones internacionales de Estados Unidos. En los medios locales de Venezuela e Irán se han podido observar fotografías de cómo los gobiernos de estos dos países han estado usando a miembros de sus fuerzas armadas para crear y mantener grandes centros industriales de minería para obtener bitcoines que les permitan seguir haciendo compras en el extranjero, así como realizar el pago del costoso mantenimiento del parque de armas de estos gobiernos, enfrentados a Estados Unidos.

En ambos casos se evidencia cómo Bitcoin ha servido de sistema alternativo de pagos internacionales antisanciones, para cubrir la demanda de algunos servicios especializados para sus economías. En el caso de Venezuela, el gobierno de ese país también ha impulsado una política de apertura a las criptomonedas, creando inclusive una serie de normativas que permite a los individuos particulares comerciar con criptomonedas y llevar a cabo labores de minería privada de estos criptoactivos.

A partir de estos simples casos eventuales, así como algunos otros, el dinero criptográfico comenzó a tener mala fama en los medios, a pesar que también su uso haya servido a buenas causas como las de la ONU o para salvar a WikiLeaks.

Sin embargo, es oportuno aclarar en honor a la verdad que antes de que existiera Bitcoin ya existían grupos terroristas y países u organizaciones que eludían las sanciones impuestas por algún organismo internacional o país, mediante métodos alternativos de pago o complejos entramados de empresas en paraísos fiscales, por lo que achacar esta fama negativa a Bitcoin de ser favorecedora del crimen o el terrorismo internacional no es justo ni correcto.

Antes de la llegada de Bitcoin y las criptomonedas, los grupos criminales y terroristas, así como países con gobiernos "parias" ya se financiaban en moneda fiduciaria en efectivo, así como también con el comercio de metales preciosos, por lo que es irreal considerar que Bitcoin se hizo exclusivamente para ser usado por este tipo de personas o con fines oscuros.

Más allá de esta mala fama ganada de forma involuntaria, Bitcoin es y seguirá siendo el precursor del cambio disruptivo de las finanzas a nivel mundial, cambio que ya no se puede detener y que seguirá hasta evolucionar en algo totalmente nuevo cuando llegue el día de la desaparición del dinero fiduciario físico.

Pero quizás el caso de uso del bitcóin más importante que se pueda señalar, debido a su potencial de cambio, es el caso de El Salvador, un país centroamericano con muchos problemas a nivel económico, que año tras año impulsan a su población a migrar a otros países como Estados Unidos en busca de un mejor futuro.

En ese país, su presidente Nayib Bukele, anunció a inicios de junio de 2021 el envío para su aprobación al Congreso de un proyecto de ley para dar al bitcóin un estatus de moneda de curso legal en ese país, lo cual convertiría a

El Salvador, en el primer país del mundo en reconocer al bitcóin como una divisa. Esto inexorablemente tendrá un impacto significativo en cuanto al bitcóin y al ecosistema de las criptomonedas en general. Bukele señaló que tomó esta decisión luego de buscar ideas que ayudaran a su país a prepararse para el futuro, siendo la adopción del bitcóin una de esas ideas. De llegarse hacer esto una realidad, bajo el nuevo estatus legal de Bitcoin se consideraría totalmente válido el uso de esta criptomoneda como un método legal para cumplir con cualquier tipo de obligación financiera dentro de ese país, incluyendo el pago de impuestos.

Pero también implicaría que esta nueva condición de Bitcoin como moneda de curso legal también significaría que cualquier acreedor estará obligado a aceptar esta criptomoneda como forma de pago.

Actualmente, El Salvador no posee moneda emitida por sí mismo, sino que emplea como moneda de curso legal el dólar estadounidense. Dado que, según cifras gubernamentales de ese país, más del 70 % de la población activa no posee acceso a una cuenta bancaria, por no haber sido bancarizados, esta normalización de Bitcoin supondría un importante impulso para millones de personas que no tienen acceso a productos financieros tradicionales.

Al ser reconocido como moneda de curso legal por primera vez en el mundo, se marca un hito histórico y una importante victoria para Bitcoin y todo el ecosistema criptográfico privado.

Pero Bitcoin ha traído un cambio más allá de los casos de uso que podemos ver a diario, pues como se sabe, varios países están en la carrera por lanzar sus propias CBDC para competir con él, utilizando básicamente la tecnología subyacente de esta criptomoneda.

Ello posiblemente implicará que quizás en el futuro ya no sean necesarias las instituciones financieras o por lo menos como los conocemos conceptualmente hoy en día, ya que los bancos centrales podrán emitir las monedas directamente a las billeteras de los usuarios, sin necesidad de pasar por la intermediación del sistema financiero público o privado.

No obstante, todavía falta mucho camino por recorrer; también falta ajustar los mecanismos para que todo esto cambie sin perjudicar la economía de un país o región económica como sucede en la zona euro, y en donde una caída de los bancos por la pérdida de su rol de intermediación financiera sería un grave problema y una catástrofe económica.

Bifurcaciones de Bitcoin

Desde la creación del bitcóin, su popularidad ha crecido enormemente y no ha dejado de hacerlo. Esta popularidad le ha valido una ávida disputa entre desarrolladores por impulsar su adopción a través de mejoras que permitan aumentar la capacidad de transacciones por segundo que acepta la red. Aunque también, gracias a su popularidad, ha inspirado a cientos de otras monedas digitales que quieren copiar la receta del éxito de Nakamoto.

Para ello, muchas *altcoins* utilizan características y aspectos que son inherentes al código fuente y al concepto original del bitcóin de 2009, mientras que otras criptomonedas toman de modelo su código fuente y lo adaptan, introduciéndole algunas mejoras o características para lograr adaptarlo a las necesidades actuales. Obviamente, en algunos casos, estos mismos cambios y mejoras del código fuente del bitcóin han producido variaciones incluso dentro de su propia cadena de bloques, creando cadenas derivadas que se han convertido en nuevos proyectos de *altcoin*.

Estas derivaciones de la cadena de bloques principal del bitcóin son el resultado de un proceso conocido como *hard fork* o bifurcación, mediante el cual la propia cadena de bloques se divide en dos entidades distintas, que terminan por producir cadenas de bloques separadas y por ende una nueva criptomoneda.

En la red Bitcoin, las bifurcaciones han producido la creación de nuevas *altcoins:* Bitcoin Cash, Bitcoin SV, Bitcoin Gold, entre otras. Sin embargo, para entender cómo se produce este fenómeno, primero hay que establecer algunos conceptos básicos.

¿Cómo funciona la red de Bitcoin?

Bitcoin funciona mediante una red P2P *(peer-to-peer)* sobre Internet, la cual consta de miles de dispositivos que participan en la red de consenso de la misma forma entre sí, compartiendo la carga de proveer los mismos servicios con similares latencias a la red. La arquitectura distribuida de esta red P2P opera con nodos interconectados en una malla con una topología plana, es decir, que no hay jerarquías ni servidores centrales que controlen acceso a servicios o autenticación en la misma. Todos los nodos en esta red proveen capacidad de cómputo y acceso a la cadena de bloques, tareas que tienen a su vez una contraprestación como incentivo para participar.

Este fue el tipo de redes que fue seleccionada por Nakamoto, precisamente por ser resistentes a las desconexiones de nodos, descentralizadas por estar en cualquier punto del planeta, y aunque en un país o región se llegase a bloquear los nodos, seguiría operativa y funcional por los nodos que estén conectados en otra parte del mundo. Por supuesto, estas redes son abiertas, por lo que cualquiera puede participar creando un nodo y conectándolo a la red, así como también se puede conocer la cantidad de nodos activos, su carga de trabajo y ubicación aproximada. Esta red mantiene vivo al núcleo del bitcóin y conectado a su cadena de bloques distribuida globalmente. Justo la misma tecnología que también emplean todas y cada una de las criptomonedas descentralizadas disponibles en el mercado.

Gracias a este diseño resistente, descentralizado y abierto de la red P2P utilizada por Bitcoin, esta red puede operar como un sistema de transferencia de valor, en forma de una red de pagos en efectivo entre pares, por lo que podemos decir que la red P2P de Bitcoin, es prácticamente una agrupación de nodos que ejecutan el protocolo de comunicación entre pares de bitcoines, para mantener una cadena de bloques completa con todas las transacciones.

Sin embargo, aunque actualmente el cliente Bitcoin Core es un nodo completo de la cadena de bloques, desde hace unos años se han presentado nuevos clientes Bitcoin que corren como clientes ligeros, es decir no guardan la cadena de bloques completa.

¿Qué es la cadena de bloques?

La cadena de bloques o *blockchain,* como se le conoce internacionalmente, es un tipo de base de datos, apilada e incremental, que en forma de registro único, consensuado y distribuido en varios nodos de una red, almacena un conjunto de datos o transacciones válidas en cada bloque, así como la información referente a ese mismo bloque como su *hash* y sello de tiempo, pero también el *hash* del bloque anterior y el siguiente bloque, para crear una vinculación entre todos estos bloques y, de esta manera, producir el encadenado de bloques de datos.

Esto permite que cada bloque esté identificado y posea un lugar específico e inalterable dentro de la cadena de datos apilados. Por este motivo, a la cadena de bloques se le conoce por funcionar en la práctica como un gran libro contable donde se registran datos.

Como medida de seguridad, de este gran libro contable se guarda una copia exacta en cada nodo de la red que conforma la *blockchain,* para que se registren nuevas transacciones y datos, que son previamente verificados y validados mediante el consenso por los nodos de la red, siendo luego añadidos a un nuevo bloque que se enlaza a la cadena. De esta manera se puede garantizar la disponibilidad de la información en todo momento.

¿Y las bifurcaciones qué son?

Las bifurcaciones son divisiones de la cadena de bloques principal, que se llevan a cabo para crear un proyecto basado en ese *blockchain,* pero que seguirán una dirección diferente, con la inclusión de nuevas características y mejoras que darán origen al protocolo y a la creación de nuevas monedas con características diferentes.

Como consecuencia de la cadena de bloques guardada de forma distribuida en cada uno de los nodos que compone la red, durante la bifurcación es dividida a la altura de un bloque específico, a partir del cual comenzará la división que alterará la cadena de bloques principal generando una nueva versión de ese *blockchain*.

En el momento en el que la red se divide, a su vez pasa a ser controlada por nuevos nodos de una nueva red, tal y como ocurrió, por ejemplo, con la creación del proyecto de Bitcoin Cash, el cual tras una diferencia entre desarrolladores del bitcóin creado por Nakamoto, terminó finalmente en una división clara de propuestas que a su vez derivaron en una bifurcación del bitcóin, y que luego, tras otra discusión entre desarrolladores, derivó posteriormente en la bifurcación del Bitcoin Cash, del cual se creó el Bitcoin SV.

¿Cómo funcionan las bifurcaciones?

Antes de nada, es necesario aclarar que existen dos tipos de bifurcaciones que se catalogan de acuerdo a sus alcances. Las bifurcaciones blandas *(soft fork)* y las bifurcaciones duras *(hard fork)*. Las bifurcaciones blandas no llegan a ser divisiones de la cadena de bloques en sí, sino que el cambio opera a nivel de los clientes de la red, los cuales, a pesar de ser diferentes, son compatibles con las versiones anteriores de la misma cadena de bloques.

Eso sucede porque el cambio básico no modifica o altera sustancialmente el protocolo, sino que añade características específicas o implementa mejoras propuestas que no implican modificaciones importantes ni la división total de la cadena. Sin embargo, dado que no es una actualización obligatoria, los nodos que no se actualicen a la nueva versión seguirán viendo los bloques y las transacciones nuevas como válidos, reconociendo a los nodos que se hayan actualizado.

Pero por otro lado, las bifurcaciones duras derivan en una nueva cadena de bloques, totalmente diferente y separada, que requiere que los usuarios lo actualicen a la última versión del cliente, así como también los nodos deben ejecutar la nueva versión para acceder a sus monedas en el *blockchain* nuevo.

Esta nueva cadena tendrá, en consecuencia, una nueva moneda, y aunque quizás conserve similitudes con la anterior, es posible que tenga diferencias importantes en cuanto al código, el algoritmo y el protocolo. Prácticamente, una bifurcación dura es una divergencia permanente de la versión anterior de la cadena de bloques.

Es importante entender que cuando se lleva a cabo una bifurcación dura, el mercado generalmente sigue a la cadena de bloques que posee la mayoría de usuarios de dicha criptomoneda, ya que, en consecuencia, al ser esa cadena la principal, es la que marca los precios.

En Bitcoin ha habido tanto bifurcaciones blandas como bifurcaciones duras, algunas con mayor o menor éxito, las cuales han tenido bastante atención de todos. La bifurcación blanda de Bitcoin ha sido solo una: Segregated Witness.

Esta bifurcación es una de las que más se ha hablado. Segregated Witness o SegWit (como se le conocía popularmente), fue presentada por Peter Wuille, uno de los desarrolladores del Bitcoin Core, quien planteó la propuesta SegWit a finales de 2015.

En toda regla, SegWit fue técnicamente un *soft fork,* cuya idea, al contrario que otras propuestas, pretendía reducir el tamaño de cada transacción de bitcoines, permitiendo así que se realizaran más transacciones a la vez.

Sin embargo, para algunos es posible que SegWit haya contribuido a provocar bifurcaciones duras después de su propuesta original.

Las bifurcaciones duras de Bitcoin han sido Bitcoin XT, Bitcoin Classic, Bitcoin Unlimited y Segregated Witness 2x (SegWit2x).

La primera de ellas, Bitcoin XT fue una de las primeras bifurcaciones duras de Bitcoin. Fue lanzado en 2014 por Mike Hearn hacia finales de este año, con la finalidad de incluir varias características nuevas que había propuesto en algunos BIP's o *Bitcoin Improvement Proposal's.*

Mientras que la versión anterior del bitcóin permitía hasta siete transacciones por segundo, Bitcoin XT proponía aumentar ese número de transacciones hasta 24 por segundo, cuya propuesta técnica requería aumentar el tamaño de los bloques de 1 *megabyte* a 8 *megabytes*.

Sin embargo, aunque Bitcoin XT al principio fue aceptado y tuvo algo de éxito, llegando a correr en más de 1 000 nodos de la red, que ejecutaban su *software* a finales del verano de 2015, el proyecto perdió el interés de la comunidad a los pocos meses, ya que nunca pudo superar lo necesario para obtener el mayor poder de *hash* de la red.

La segunda bifurcación dura que llegó fue Bitcoin Classic, la cual apareció en la escena en 2016, cuando apenas habían pasado unas pocas semanas desde que Bitcoin XT perdió popularidad y cayó en desuso, a pesar que una parte de los miembros de la comunidad de Bitcoin continuaban pidiendo aumentar su capacidad para manejar más transacciones, haciendo que el tamaño de los bloques aumentara.

A causa de esa necesidad que aún permanecía sin ser satisfecha, un grupo de desarrolladores lanzó Bitcoin Classic a principios de 2016.

Esta propuesta se diferenciaba de su predecesora Bitcoin XT en que la cantidad de *megabytes* al aumentar los bloques, en lugar de ocho sería únicamente de dos *megabytes*. Por supuesto, cuando estuvo disponible se sumaron alrededor de 2 000 nodos durante varios meses a lo largo de 2016, pero al igual que Bitcoin XT, no alcanzó el poder de *hash* necesario para ser dominante. Para noviembre de 2016, tras ocho meses de luchas, el proyecto Bitcoin Classic pasó a una solución que trasladó el límite de las reglas del *software* a manos de los mineros y los nodos.

La tercera bifurcación, que llegó a la red Bitcoin, fue Bitcoin Unlimited, la cual a pesar de esa necesidad de aumentar el *performance* de la red Bitcoin para elevar el número de transacciones que se pueden procesar, tampoco prosperó mucho más allá. De hecho, para algunos Bitcoin Unlimited aún continua siendo un enigma varios años después de su lanzamiento. Y es que aunque los desarrolladores del proyecto publicaron el código, realmente no especificaron qué tipo de bifurcación requeriría.

Para el caso de esta bifurcación de Bitcoin Unlimited, la idea es permitir a los mineros decidir por sí mismos el tamaño de sus bloques, con nodos y mineros que limitan el tamaño de los bloques que aceptan hasta 16 *megabytes,* pero al igual que las bifurcaciones duras que le precedieron, no hubo un consenso para permitir que llegaran a más poder del *hash.*

Tras un éxito medianamente alcanzado por SegWit, como respuesta a la propuesta para aumentar el *performance* de la red, de la que algunos desarrolladores y usuarios de Bitcoin, continuaban en desacuerdo, estos tomaron la decisión de iniciar una bifurcación dura con el fin de evitar más actualizaciones del protocolo original.

Marcados por la inconformidad de las nuevas soluciones, tras muchas discusiones y fruto de un nuevo desacuerdo por las continuas propuestas que no llegaban a nada, se realizó la bifurcación dura denominada Bitcoin Cash.

Bitcoin Cash (BCH) es una nueva criptomoneda que fue el resultado de una bifurcación dura, cuando se separó totalmente de la cadena de bloques principal en agosto de 2017, en el momento en que los monederos de Bitcoin Cash comenzaron a rechazar las transacciones y los bloques de Bitcoin.

Hasta la fecha de hoy, Bitcoin Cash sigue siendo el *hard fork* más exitoso en la historia de Bitcoin, el cual técnicamente está preparado para crear un ecosistema de pagos competitivos, gracias a que permite bloques de ocho *megabytes* y no adoptó el protocolo SegWit.

Tras el éxito de Bitcoin Cash, llegó una nueva bifurcación dura que nuevamente dividió la cadena de bloques original de Bitcoin, para llegar al mercado con una nueva propuesta, la cual se denominó Bitcoin Gold (BTG). Esta bifurcación fue un *hard fork* que siguió pocos meses después de Bitcoin Cash en octubre de 2017.

Básicamente, el objetivo de Bitcoin Gold era restaurar la funcionalidad de la minería con unidades de procesamiento gráfico (GPU) básicas, por considerar que la minería se había vuelto demasiado especializada en términos de equipo y *hardware* requerido, dejando la minería en manos de personas y organizaciones con mucho dinero. En otras palabras, los desarrolladores de Bitcoin Gold apostaban por volver a democratizar la minería de Bitcoin, para que cualquier persona con su PC y la GPU que tuviera instalada, pudiera minar la criptomoneda.

Además, para evitar el minado con *hardware* ASIC, introdujeron cambios en el algoritmo de prueba de trabajo, aunque más tarde introdujeron un nuevo algoritmo, llamado "Equihash-BTG", que se basaba en uno previamente desarrollado para la Altcoin Zcash, el cual como diferencia principal requiere más memoria que el algoritmo original.

Este proyecto llamó la atención por ser hecho aparentemente por personas anónimas en la comunidad, aunque detrás estaban desarrolladores de Bitcoin. Debido al desacuerdo con los *hard forks* del bitcóin, este proyecto fue duramente criticado, e incluso su sitio *web* recibió ataques de denegación de servicios DDoS a las pocas horas de haberse producido la bifurcación.

Una característica única de la bifurcación dura de Bitcoin Gold fue un "post-minado", un proceso por el cual el equipo de desarrollo minó 100 000 monedas después de que la bifurcación hubiera tenido lugar. Muchas de estas monedas se colocaron en una "dotación" especial, y los desarrolladores han indicado que esta dotación se utilizará para hacer crecer y financiar el ecosistema de Bitcoin Gold, con una parte de esas monedas reservada como pago para los desarrolladores también.

En general, el Bitcoin Gold sigue la mayoría de los conceptos básicos de Bitcoin, aunque su algoritmo de minado sea absolutamente diferente. Con el paso del tiempo, el proyecto se volvió más sólido y posee una gran comunidad que lo apoya, a pesar que en un principio se tachó a estos desarrolladores y a su comunidad en ese momento incipiente de ser una estafa.

La bifurcación más reciente a la cadena de bloques de Bitcoin tuvo lugar cuando se implementó la segunda actualización del polémico protocolo de SegWit en agosto de 2017. Los desarrolladores habían planeado desde un principio un segundo componente para la actualización del protocolo. Esta nueva adición, conocida como SegWit2x, desencadenaría un *hard fork* en Bitcoin que estipularía un tamaño de bloque de dos *megabytes*. SegWit2x estaba programado para llevarse a cabo como un *hard fork* en noviembre de 2017, que mejoraría el *performance* de la red.

Aunque inicialmente el protocolo original SegWit tenía el apoyo de varias empresas y personas de la comunidad Bitcoin, llegado el momento de la implementación del SegWit2x decidieron retirarse del *hard fork*. De hecho se comenta que esto fue el resultado de que SegWit2x incluyera una protección de repetición opcional (en lugar de obligatoria), por lo que gran parte de la comunidad que al principio apoyó el protocolo decidió que esto tendría un impacto en los nuevos bloques de la cadena.

Finalmente, esta decisión de la pérdida del apoyo terminó con el anuncio en fecha 8 de noviembre de 2017 por parte del equipo desarrollador, el cual indicaba que este *hard fork* del segundo componente o SegWit2x se había cancelado como resultado de las discrepancias con los anteriores patrocinadores del proyecto. De esa forma se puso fin a esta nueva bifurcación de la red de Bitcoin.

Bitcoin, ¿oro digital?

Desde que Bitcoin comenzó a ser popular, parte de la campaña en Internet y medios comparaban a la criptomoneda de Nakamoto con el oro. Quizás porque el proceso de creación, al ser llamado "minería", hacía entrever una idea similar al proceso de extracción del mineral dorado en el subsuelo como se hace en el mundo real.

Esta comparación interesante también tuvo que ver con el incipiente potencial financiero que comenzó a despertar el ecosistema criptográfico, el cual, al no estar masificado y tener una barrera de entrada tan alta al comienzo, verdaderamente suponía un reto para hacer calar como idea en el colectivo de la existencia de un activo digital, que permite transferir valor en Internet, haciendo posible enviar dinero como si se tratara de un correo electrónico a enviado a un tercero.

Hace más de una década atrás, explicar este concepto no era fácil, ni tampoco era algo creíble que cualquiera aceptaría a la primera. De hecho, explicar que este sistema de envío y recepción de valor permite hacer pagos a terceros sin depender del sistema financiero ni del control estatal, enviando el equivalente de una moneda fiduciaria en el mundo real, no era precisamente algo convincente, pues Bitcoin era totalmente desconocido.

Posiblemente, debido a lo difícil que era comprender los conceptos básicos de criptografía, redes P2P, economía y dinero, entre otros, desde los inicios Bitcoin comenzó a ser adoptado por desarrolladores y personas más familiarizadas con la terminología asociada al desarrollo de Nakamoto, como estudiantes universitarios, principalmente en las facultades de ciencias de la computación en las universidades de países como Estados Unidos, Reino Unido, Australia, Alemania, Canadá, en los cuales el *crash* financiero de 2008 había causado estragos en la economía local con masivas quiebras de bancos y empresas, desempleo, pérdida de ahorros y una variedad de consecuencias asociadas a este escenario derivado de la crisis de las hipotecas. A esto se sumó el hecho de ser testigos de cómo los políticos destinaron cantidades ingentes de dinero y recursos de los estados para el rescate de bancos.

Durante esos años del apogeo de la crisis financiera del 2008, muchos analistas aconsejaban a las personas tener siempre su capital en activos canjeables como oro, por lo que hubo una gran demanda de este *commodity* en el mercado, aunque no fuese seguro.

Obviamente, estas personas, con solo haber vivido en esta etapa de una crisis financiera global y sus consecuencias, comprendieron la motivación de desarrollar un sistema financiero de respaldo o paralelo, que permitiera a las personas no solo pagar a otros, sino también guardar su capital lejos de la corrupción, los malos manejos y las crisis financieras, derivadas de la mala política de gobiernos permisivos con las acciones de los banqueros.

A partir de allí, Bitcoin comenzó a ser conocido para muchos como el sucesor digital del oro, ya que tan solo la idea de poder llevar Bitcoin escrito en una hoja de papel o en un *pendrive,* y aun así poder intercambiarlo por productos y por otros activos, era más que innovadora y disruptiva para un activo digital. Esto cimentó las bases para que el concepto de oro digital, fuese cada vez más aceptado a nivel general.

De hecho, hoy en día es poco probable hablar de Bitcoin, sin que las personas lo asocien con el concepto de oro digital. De ahí que muchos crean firmemente que esta criptomoneda es capaz de sustituir al oro como reserva de valor, una afirmación que comenzó a ser señalada por algunos analistas en el 2017, cuando el precio del bitcóin tuvo un aumento del 1 400 % y vieron que la posición del oro como reserva de valor estaba siendo amenazado por esta criptomoneda.

Estos analistas consideraban que al verificar de forma general los datos financieros de ambos activos en últimos años, Bitcoin poseía el potencial para superar la capitalización de mercado del oro o al menos podría absorber una gran parte de la capitalización del oro antes del 2025. Sin embargo, un escenario como este todavía está muy lejos de suceder, pues se estima que la capitalización de mercado del oro ronda una cifra entre los 10 y 12 billones de dólares estadounidenses, por lo que esta cantidad de dinero todavía escapa a la incipiente capitalización de mercado de Bitcoin, que todavía está por debajo del billón de dólares.

Además, hay que tomar en cuenta que el oro es uno de los metales más apreciados por sus propiedades físicas, como la baja alterabilidad, maleabilidad, ductilidad, y brillo; además, se puede combinar con otros metales. Este metal es también un buen conductor del calor y de la electricidad, y no le afecta el aire ni la mayoría de los agentes químicos, además de poseer una alta resistencia a la alteración química por parte del calor, la humedad y la mayoría de los agentes corrosivos.

Pero el oro posee valor, no porque pueda ser utilizado para hacer objetos de lujo y joyas únicamente o porque se emplee en la industria de la electrónica principalmente, sino porque su oferta es predecible. El suministro constante de oro que ingresa a los mercados financieros, aunque pueda ser perturbado por acontecimientos geopolíticos o circunstancias asociadas con alguna política en particular de algún país productor, seguirá siendo calculado y predecible, ya que el metal posee la cualidad de ser lo suficientemente abundante como para usarlo como medio de pago y otra gran variedad de usos, pero a la vez no tan abundante como para que su oferta sea excesiva y no tenga valor, ya que no existe de forma abundante en el subsuelo.

Realmente, la idea que muchas personas conservan acerca del valor del oro puede ser errónea, pues su valor no viene de que sea un metal raro, sino porque posee las propiedades justas para tener un delicado equilibrio entre su suministro predecible, su variedad de usos y por supuesto su durabilidad, haciéndolo la cantidad justa de raro que no posee ningún otro metal extraíble de la tierra.

Durante siglos, el oro ha sido elegido en todas las civilizaciones como el metal ideal para convertir la riqueza en un activo tangible que pudiera ser intercambiado, almacenado e incluso trasferido en herencias, como sucedía con las fortunas de los reyes. Esto hacía que su uso como medio de pago y reserva de valor fuera el más oportuno para un metal de estas características, que no se deteriora con el tiempo, no sufre las inclemencias del clima ni pierde propiedades al ser deformado o moldeado.

De ahí el hecho de que el oro no pueda ser un metal demasiado raro, sino raro en la medida correcta, como para que este pueda ser acuñado en monedas, ser empleado en joyas y coronas o ser moldeado en forma de instrumentos de uso común, porque de ser excesivamente raro y escaso, esto habría hecho que las monedas acuñadas fueran demasiado pequeñas o incluso escaso, perdiendo la capacidad de medio de pago y de reserva de valor.

Realmente el oro tiene valor porque algunas personas en la antigüedad decidieron que el oro tenía valor, y lo aceptaron con gusto a cambio de bienes y servicios, lo que llevó a otros a hacer lo mismo, impulsando su adopción a nivel general, en un fenómeno que se hizo prácticamente un hábito, pasando a lo largo de la historia en generaciones y generaciones de personas hasta la actualidad. En el ámbito de las finanzas esta adopción masiva se denominó un "efecto de red", siendo esta la verdadera razón por la que el oro tiene valor como dinero.

Bitcoin, en cierto modo, intenta tener en el mundo digital algunas características similares al metal, para de esa forma convertirse en un activo digital que dispute al oro su posición como reserva de valor. Aunque Bitcoin apenas posee poco más de una década de existencia, ha superado ampliamente al valor de la onza de oro en los mercados, pasando de menos de un centavo en 2009 a su estado actual, rondando por encima de los 36 000 dólares por BTC, tras haber tocado techo y caído desde los 64 000 dólares en abril de 2021, cuando incluso superó el precio de la barra de oro de un kilogramo para ese momento.

Por sobradas razones, es natural que cualquier persona considere al bitcóin un activo de valor e incluso un sistema de reserva de valor, pues al igual que con el oro, un grupo de personas se pusieron de acuerdo para darle valor a un *hash* digital que muestra un valor nominal, el cual también es aceptado e intercambiado hoy en día por bienes y servicios en todo el mundo. Este argumento va más allá de lo que los detractores de las criptomonedas señalan acerca de que el bitcóin no tiene valor o que no puede ser considerado un activo.

Pero es preciso aclarar que todavía falta mucho camino por recorrer como para que el bitcóin sea sustituto del oro como reserva de valor o como medio de pago. Ciertamente, el bitcóin es un activo digital muy especial, que realmente compite con el mercado del oro gracias a que es fácilmente intercambiable, transportable, transferible, almacenable, resistente a las alteraciones, con un suministro escaso y predecible, y además es una alternativa que ofrece transacciones seguras y más baratas que el oro. Estas ideas todavía son objeto de amplios debates; hay quienes están a favor y quienes están en contra de dichos argumentos, por lo que los detractores de Bitcoin señalan que, a largo plazo, el dominio del oro como reserva de valor es incuestionable, pues es un activo que lleva siglos siendo aceptado por la humanidad como reserva de riqueza.

Aunque todavía hay quienes no ven el signo del cambio de los tiempos, sobre todo con las nuevas generaciones *millennials* y Z, con las cuales es más probable que el bitcóin supere al oro a medida que estas generaciones se conviertan en un componente más importante del mercado de inversiones, con el paso del tiempo.

Estas generaciones, en general más adaptadas a las tecnologías, al uso de *Apps* y teléfonos móviles, están más dadas a invertir en un criptoactivo como el bitcóin (BTC), que en el mercado del oro (XAU) en *commodity*, lo cual sin duda hará que Bitcoin y otros criptoactivos del mercado como ETH, ICP, DOT, MATIC, UNI, Link, LTC, SOL, ETC, VET, EOS, DAI, entre muchos otros, se disparen, llevando a este ecosistema en conjunto a desplazar al oro mineral en cualquier momento de los próximos años.

Solo basta observar todo lo que sucedió con la *App* Robinhood en 2020 e inicios de 2021, cuando miles de inversores minoristas, en su mayoría *millennials,* se coordinaron para impedir que las empresas GameStop y AMC terminaran quebradas en la bolsa.

Alternativas al Bitcoin

Si bien es cierto que Bitcoin es la primera criptomoneda del mercado, realmente no es la única, pues hoy en día existen más de diez mil trescientas monedas virtuales en todo el mundo, una cifra que continúa subiendo mes tras mes, por lo que no es difícil observar de vez en cuando nuevas ICO *(Initial Coin Offering),* que traen al mercado más criptomonedas, algunas con un proyecto interesante y nuevas propuestas, así como proyectos que son prácticamente copias de otros que ya existen en el mercado o que simplemente no aportan nada nuevo al ecosistema.

Las denominadas *altcoins* o criptomonedas alternativas, tienen en su gran mayoría importantes diferencias con Bitcoin en cuanto a su código, protocolo y encriptación, e incluso introducen cambios en cuanto al uso, con respecto a la criptomoneda número uno del mercado criptográfico. Una gran parte de estas *altcoins* utilizan versiones propias de la tecnología *blockchain,* que les permiten tener funcionalidades o capacidades extra que Bitcoin no posee en la actualidad. Gracias a ello, con la llegada de las *altcoins* han aparecido una enorme cantidad de plataformas de intercambio en todo el mundo, que permiten comprar y comerciar con los distintos tipos de criptoactivos que existen en el mercado. Y día tras día, con la llegada de más proyectos DeFi, aparecen nuevas plataformas, que facilitan el acceso a estas miles de *altcoins* disponibles en el criptoverso.

Es preciso comprender que con la masificación de la adopción pronto vendrán nuevas *altcoins* y muchas más plataformas de intercambio y comercio de criptoactivos, lo que obviamente va en la dirección de la consolidación de este tipo de activos digitales. Sin embargo, esto no quiere decir que vaya a haber tantas criptomonedas como personas en el planeta, pues muchos de estos proyectos, aunque están activos y poseen movimientos, son demasiado insignificantes como para pensar que seguirán activos por mucho tiempo; por esa razón, a la larga muchas de estas criptomonedas alternativas desaparecerán cuando sus nodos sean apagados y sus cadenas de bloques queden paralizadas.

Hablar de los más de 10 300 *altcoins* que existen en mercado ahora mismo no es una tarea posible, pero podremos hablar brevemente de algunas de las criptomonedas que actualmente han captado el interés de los inversores y *traders,* por poseer un proyecto sólido detrás que las respaldan. Explicaremos cada una de acuerdo a su orden de importancia y de acuerdo a su capitalización de mercado ahora mismo.

 **NOTA**

Conforme pase el tiempo en que este libro sea leído, es posible que algunas posiciones cambien o que incluso algunas criptomonedas ya no estén en esta lista, dada la dinámica cambiante de este mercado.

Ethereum (ETH)

Ethereum es sin duda el proyecto más prometedor de todos, tanto por el tiempo de desarrollo como por la cuantiosa inversión que hay detrás, tanto de dinero como de investigación. Aunque formalmente esta *altcoin* no es únicamente un medio de pago, ya que va más allá. Prácticamente, Ethereum es un ecosistema en sí mismo, ya que se trata de una plataforma de computación descentralizada que funciona como un gran ordenador, repartido en múltiples ordenadores a la vez en todo el mundo, coordinado para trabajar de forma simultánea.

Ethereum fue creado por un joven desarrollador llamado Vitalik Buterin, quien en 2013, en una entrada de *blog* titulada Ethereum, escribió: *"The Ultimate Smart Contract and Decentralized Application Platform"*, en donde describió la idea de una cadena de bloques de Turing-completa, es decir una computadora descentralizada que, con el tiempo y los recursos suficientes, podría ejecutar cualquier tipo de aplicación, sin intervención humana.

Debido al concepto tan innovador, Ethereum se convirtió rápidamente en la segunda red de pagos criptográficos más usada del mundo, y actualmente se prepara para un momento clave que redefinirá su funcionamiento de cara a los próximos años, ya que el *hard fork* denominado *London*, introducirá cambios en los precios de las transacciones o *Gas Price* para abaratarlas; se sumarán otras modificaciones, que llevarán a Ethereum a otro nivel y que posiblemente dispare su precio de ahora en adelante.

Ethereum permite ejecutar *dApp* o aplicaciones descentralizadas en este gran ordenador distribuido, cuyas operaciones se alimentan con la criptomoneda de la red, que es el *ether* (ETH), la cual también sirve para enviar y recibir valor por Internet, así como para el comercio en los mercados de criptomonedas.

Además, Ethereum permite crear *tokens* dentro de su propio criptoverso, por lo que muchos de ellos están basados en esta plataforma. De hecho, los *tokens* no fungibles o NFT, que están de moda, son un tipo de *token* especial que por sus características permiten comerciar con estos *tokens* coleccionables y escasos.

El valor del *ether* (ETH), la criptomoneda nativa de Ethereum, alcanzó en 2021 su máximo histórico, cuando en abril se cotizó sobre los 4362,35 dólares, de acuerdo con CoinMarketCap.com

Binance Coin (BNB)

Binance Coin es la criptomoneda oficial del *criptoexchange Binance,* un sitio web de intercambio de criptomonedas de origen chino, que es el más grande del mundo por volumen de intercambio y que antes de las prohibiciones de las autoridades de China del comercio de criptomonedas, mudó sus servidores y la operación del *exchange* a Japón.

El nombre de este sitio de intercambio y de su moneda, es un acrónimo compuesto de las palabras *binary* y *finance*. Binance Coin fue creada para soportar las transacciones dentro de la propia plataforma de Binance, así como también con la finalidad de apoyar proyectos y sus ICO, dentro de la plataforma.

Debido a esto, muchos desarrolladores se agrupan para impulsar sus proyectos dentro del Exchange, por lo que el volumen de comercio y capitalización de mercado de esta criptomoneda es realmente alto. De hecho, muchos proyectos actuales relacionados con la cadena de bloques se financian a través de BNB, gracias a la inversión de los usuarios de la plataforma Binance.

Aunque muchos ven esta *altcoin* como la que eventualmente superará a Ethereum en el mercado, lo cierto es que es poco probable, pues la cantidad de I+D invertida en el proyecto Ethereum supera con creces a otros proyectos de criptomonedas alternativas en el mercado.

Asimismo, Binance como empresa ha sido puesta bajo escrutinio de algunas personas y periodistas, cuando en octubre de 2020 la revista Forbes publicó unos documentos filtrados de la compañía, en los que se confirmaba que Binance y su fundador, el empresario chino Changpeng Zhao (también conocido como CZ), han creado una estructura corporativa complicada destinada a engañar premeditadamente a los organismos reguladores de los Estados Unidos, logrando incluso beneficios ocultos de los inversionistas de la plataforma y la Altcoin BNB.

El valor del *binance* (BNB) en 2021 ha alcanzado su máximo histórico cuando en abril se cotizó sobre los 407,38 dólares, de acuerdo con los datos de CoinMarketCap.com

Tether (USDT)

Tether es totalmente diferente a las *altcoins* más comunes, porque pertenece a un tipo de criptomoneda que es estable, o como se le conoce a este tipo de criptoactivos, una *stablecoin*. Las *stablecoin* son un tipo de criptomonedas que posee de toda la circulación de sus *tokens* respaldada por una cantidad equivalente de las monedas fiduciarias tradicionales, como el dólar estadounidense, el euro o el yen japonés.

Tether fue la primera *stablecoin* del mundo, ya que fue diseñada específicamente para construir el puente necesario entre las monedas fiduciarias y las criptomonedas, a través de la estabilidad de su valor, transparencia y cargos mínimos por transacción a los usuarios.

Esta *stablecoin* fue concebida inicialmente en 2014 en la mente de J.R. Willet, quien junto con Brock Pierce y Craig Sellars, acompañados del inversor de Bitcoin, Brock Pierce, y el desarrollador de *software* Craig Sellars —quienes trabajaban en el desarrollo de *mastercoin*—, se pusieron de acuerdo para lanzar una criptomoneda estable. Pierce y Sellars, deciden luego, a través de Omni Layer, lanzar su proyecto independiente llamado Realcoin, usando la cadena de bloques de Bitcoin.

Realcoin estaba considerado como el mayor proyecto para ese momento, pero este nombre cambiaría en noviembre de 2014, cuando Reeve Collins, CEO de Tether Limited, anunciara que el proyecto se llamaría Tether. Anunció asimismo la creación de tres monedas simultáneas: USTether (USDT), EuroTether (EURT) y YenTether (YENT). De esta manera, Collins anunciaba al mundo el nacimiento de tres *stablecoins,* iniciando de esta manera la historia de USDT y sus pares, monedas que se agregan a la plataforma Bitfinex a principios del 2015.

Tether sería inicialmente emitida en el protocolo Bitcoin a través de Omni Layer, pero posteriormente también migraría a otras cadenas de bloques, como Ethereum, TRON, EOS, Algorand, Solana y OMG Network. Cada *token* de Tether está vinculado con su moneda fiduciaria de respaldo en una unidad de paridad entre las monedas circulantes y el respaldo emitido por la empresa Tether Limited. Por lo tanto, el USDT está en una relación de paridad de 1 a 1 con respecto al dólar estadounidense en términos de valor.

No obstante, la empresa emisora de estos *tokens* ha aclarado que no ofrece ninguna garantía para ningún derecho de canje o intercambio de *tethers* por dinero real; es decir, Tether no se puede cambiar por esa misma cantidad de dólares estadounidenses directamente en las oficinas de la empresa. Sin embargo, este *token,* al igual que cualquier otra *stablecoin,* es de mucha utilidad para los comerciantes de criptoactivos, pues permite a los *traders* evitar la volatilidad de mercado habitual en BTC y otros criptoactivos, refugiando su capital en este *token*. Resulta además de gran utilidad, porque el uso de las *stablecoins* también elimina los costes extra y retrasos de las conversiones entre criptomonedas y monedas *fiat,* lo cual sin duda ha sido la base principal de su éxito.

Cardano (ADA)

Cardano es una *altcoin* que posee uno de los proyectos más avanzados que existe en el ecosistema criptográfico y uno de los más cercanos competidores de Ethereum. De hecho, Cardano es considerado un *blockchain* de tercera generación, que fue diseñado para solucionar los problemas de escalabilidad propio de los *blockchains* de segunda generación como Ethereum.

La plataforma de Cardano permite ejecutar contratos inteligentes nativos, gracias a una arquitectura multicapa única, que lo hace destacar de otras cadenas de bloques de la competencia.

Debido a esto, muchos consideran que el proyecto Cardano es la síntesis de Bitcoin y Ethereum, por lo que es probable que en un futuro este proyecto supere a estas dos en términos de adopción y capitalización de mercado. Actualmente es la quinta criptomoneda en términos de capitalización según CoinMarketCap, después de Bitcoin, Ethereum, Binance y Tether. La criptomoneda nativa del proyecto se denomina ADA.

El desarrollo del proyecto está supervisado por la Fundación Cardano, y comenzó a ser desarrollado en 2015, siendo lanzada en 2017 por el matemático y cocreador de Ethereum y Bitshares, Charles Hoskinson, con sede en Zug, Suiza. Esta es la razón por la cual existen tantos desarrolladores de Ethereum involucrados en Cardano. La plataforma lleva el nombre de Girolamo Cardano, un médico matemático italiano del Renacimiento, astrólogo y estudioso de la teoría del azar.

Este filósofo y enciclopedista fue autor de una de las primeras autobiografías modernas, y la criptomoneda de esta plataforma lleva su nombre en honor a Ada Lovelace, matemática y escritora británica, célebre sobre todo por su trabajo acerca de la calculadora de uso general de Charles Babbage, la denominada máquina analítica.

Entre sus notas sobre la máquina, se encuentra lo que se reconoce hoy como el primer algoritmo destinado a ser procesado por una máquina, por lo que se la considera como la primera programadora de ordenadores.

El proyecto ha experimentado un gran crecimiento durante el 2021, a medida que crece la inversión en el mercado de criptomonedas, mientras este proyecto continúa desarrollándose. Cardano ha captado la atención de inversores minoristas e institucionales que han apostado por la construcción de sistemas de criptomonedas inteligentes que puedan operar con un ecosistema financiero propio y alternativo a Bitcoin o Ethereum. Cardano ha multiplicado su valor por más de 45 tan solo en el último año.

El valor del cardano (ADA) en 2021, ha alcanzado su máximo histórico, llegando hasta los 2,46 dólares, de acuerdo con los datos de CoinMarketCap.com.

Polkadot (DOT)

Polkadot es sin duda un proyecto muy especial y diferente al resto, ya que gracias al protocolo de su cadena de bloques, de tercera generación, permite conectar diferentes *blockchains* existentes a su cadena de bloques universal, resolviendo así uno de los mayores problemas actuales de casi todos los proyectos de criptomonedas.

Este proyecto es uno de los más nuevos, e introduce una serie de características técnicas novedosas para lograr su ambicioso objetivo de incentivar la extensión de las criptomonedas.

Polkadot conecta las diferentes cadenas de bloques que existen, aun cuando posean varias propiedades que las hagan distintas, incluidas cadenas de pruebas de autoridad encriptadas adecuadas para redes empresariales internas (siempre que confirmen ciertas especificaciones).

En sí, Polkadot funciona como un marco multicadena gracias a su tecnología expandible y heterogénea, que se diferencia de implementaciones de cadenas de bloques antecesoras, enfocadas en brindar una cadena única con grados variados de generalidad sobre aplicaciones potenciales. Para ello, Polkadot brinda la cadena de relevos *(relay-chain)* como un cimiento sobre la cual se enlazan un gran número de estructuras de datos validables, coherentes de manera global y dinámicas que pueden ser alojadas.

El diseño de Polkadot permitió que por primera vez en la historia de las criptomonedas, las diferentes cadenas de bloques de diferentes proyectos, formarán una gran red multicadena interoperable e inclusiva con seguridad agrupada, algo que no había sido posible antes de este protocolo.

Cada proyecto *blockchain* es un ecosistema en sí mismo, pero Polkadot es un criptoverso que agrupa ecosistemas diferenciados para crear un "internet" de cadenas de bloques, donde las diferentes cadenas privadas y de consorcios pueden ser cortadas de cadenas abiertas y públicas, como sucede con Ethereum y los *tokens* dentro de su ecosistema, sin perder la capacidad de comunicarse con ellas en sus propios términos.

Gavin Wood, el cofundador y director actual de Parity Technologies, la empresa detrás de este desarrollo, que anteriormente fue CTO y cofundador del proyecto Ethereum, además de codiseñador del Protocolo Ethereum y autor de la especificación formal de esa criptomoneda, fue el creador de Polkadot cuando en 2016 publicó el *white paper* de este proyecto. Este desarrollo es financiado y administrado por la Web3 Foundation, una fundación creada en junio de 2017 con la finalidad de fomentar y administrar tecnologías y aplicaciones en los campos de los protocolos de *software web* descentralizados.

El *token* nativo de Polkadot es el DOT, y posee básicamente tres propósitos distintos: primero la gobernanza sobre la red, luego la operación y en tercer lugar la vinculación de cadenas, por lo que es fundamental para que funcione la red.

Cada usuario que es propietario de DOT obtiene la capacidad de votar sobre las actualizaciones de la red, y cada voto es proporcional a la cantidad de criptomoneda DOT que ese usuario posea en un momento determinado, porque a diferencia del resto de los proyectos, los que tienen el control completo sobre el protocolo son los poseedores de DOT o participantes de la *relay chain,* y no los mineros.

Estos privilegios llegan incluso a determinar el manejo de eventos excepcionales tales como arreglos o actualizaciones del protocolo. Esta forma de gobernanza está basada en la teoría del juego, la cual incentiva a los poseedores de DOTs a comportarse de manera honesta. Los buenos actores son recompensados por este mecanismo, mientras que los malos actores pierden su participación en la red y por ende en sus decisiones, asegurándose la seguridad de la red.

El valor del *dot* (DOT) se ha multiplicado exponencialmente en el último año, alcanzando máximos en abril de 2021 por valor de 49,69 por cada DOT, de acuerdo a CoinMarketCap.com.

Ripple (XRP)

Ripple es un proyecto de *software* libre y un protocolo de pagos seguro y encriptado, que persigue el desarrollo de un sistema de crédito basado en P2P.

El objetivo principal de la empresa creadora Ripple Labs con XRP es conectar bancos, proveedores de pagos e intercambios de activos digitales, permitiendo pagos globales más rápidos y rentables, pues al igual que Bitcoin, este proyecto creó un sistema de pagos totalmente seguro y encriptado, cuya información de las transacciones son públicas, pero no así la información del pago. En otras palabras, XRP viene a ser un sistema transparente para el seguimiento y trazabilidad financiera de operaciones, pero a la vez confidencial, donde el emisor y receptor son los únicos que disponen de la información y el código que la desencripta.

Al principio era visto por muchos como el sucesor de Bitcoin, ya que fue creada por antiguos desarrolladores de esta criptomoneda con el objetivo de mejorar las prestaciones, pero también por ser un proyecto vinculado con el sector financiero, que tiende un puente a los bancos para que aprovechen el potencial de las criptomonedas en los pagos transfronterizos, los pagos de cartas de crédito a proveedores, así como en la creación de garantías al vuelo, cartas de crédito entre otros servicios, empleando XRP. RippleNet se convirtió en una interesante alternativa que podría reemplazar al antiguo sistema de pagos global interbancario SWIFT.

Este sistema es el que emplean la mayoría de instituciones financieras (como bancos, aseguradoras y casas de cambio) para efectuar las transferencias de dinero alrededor del mundo. SWIFT es un sistema bastante costoso y lento; por ejemplo, las transferencias internacionales entre bancos de distintos países suelen ser muy costosas: habitualmente, se cobra un promedio entre 25 y 50 dólares por transacción a cada una de las partes, sin importar el monto de la operación, demorando de media hasta tres días.

Por su parte, RippleNet permite ejecutar transacciones comerciales de manera descentralizada, segura, barata y mucho más rápida (entre 3 y 5 segundos) para ejecutarse y verificarse. El protocolo XRP fue creado por la compañía Ripple Labs, fundada por Chris Larsen y Jed McCaleb en Estados Unidos en 2012.

Hoy el proyecto se denomina XRP Ledger o simplemente XRP, para diferenciarlo de la empresa que lo desarrolló. En la actualidad hay una variedad de bancos e instituciones en todo el mundo, que ya utilizan XRP para el manejo de pagos transfronterizos y otros servicios, como el BBVA, SEB, Akbank, SBI Remit, YES BANK, Start One Credit Union, Cambridge Global Payments, Bank of America, American Express, además de algunos bancos en los Emiratos Árabes y en algunos países asiáticos, entre otros.

Aunque algunas todavía están probando las capacidades de XRP y sus servicios, otros ya lo han adoptado como un sistema en producción para el manejo financiero.

Sin embargo, la empresa no las ha tenido todas consigo. Por un lado, la comunidad Bitcoin en un principio los acusó de robar la idea de Nakamoto para entregarla a los bancos, el principal "enemigo" a vencer por el ecosistema de criptomonedas, para sacar un beneficio monetario. Pero por otro lado, la SEC (la Comisión de Bolsa y Valores de Estados Unidos), una agencia del Gobierno de ese país que tiene la responsabilidad principal de hacer cumplir las leyes federales de los valores y regular esta industria, los mercados financieros de la nación, así como las bolsas de valores, de opciones y otros mercados de valores electrónicos, se ha enfrentado en una batalla contra Ripple Labs desde hace tiempo, pues este organismo ha presentado acciones contra esa empresa y sus CEO, Brad Garlinghouse y Larsen (uno de los fundadores), en las cuales se alega que Ripple Labs habría realizado una oferta de valores no registrados de 1,3 mil millones de dólares[3].

En cualquier caso, estas acciones de la SEC han actuado como disparadores de los precios de XRP en los mercados y ha avivado el interés de los inversionistas minoristas en este criptoactivo.

XRP, a pesar de operar bajo el mismo principio que el resto de las criptomonedas, guarda notables diferencias con el resto de ellas, ya que no se puede "minar". Esto se debe a que todos los *tokens* (unos cien mil millones de XRP) ya han sido creados, para que funcione en la red de pagos. La empresa Ripple Labs es propietaria del 55 % de estos *tokens*.

El valor de *xrp* (XRP) es prácticamente estable, aunque ha subido, alcanzando máximos en 2021 por valor de 1,96 por cada XRP, de acuerdo a CoinMarketCap.com.

Uniswap (UNI)

Uniswap es más que una criptomoneda; realmente es un complejo proyecto *blockchain* que se ejecuta dentro de la cadena de bloques de Ethereum, el cual permite realizar *swaps* o intercambios descentralizados.

Este *software* es en la práctica una bolsa de intercambio de criptomonedas descentralizado (también llamado "exchange descentralizado" o DEX), que facilita las transacciones automatizadas entre *tokens* de criptomonedas en la cadena de bloques Ethereum mediante el uso de contratos inteligentes.

El protocolo UniSwap fue creado 2018, en medio de la ola de la creciente tendencia de las DeFi (Decentralized Finance) o finanzas descentralizadas. En poco tiempo se ha consolidado como uno de los protocolos más potentes en el mundo DeFi, acumulando una capitalización de mercado considerable.

En sus inicios, cuando UniSwap fue ideado por dos jóvenes, Hayden Adams –un exingeniero mecánico que fue despedido de Siemens (y que nunca había programado)– y Karl Floersch –un desarrollador del proyecto Ethereum–, estos desarrolladores no pensaron en algún modelo de negocio alrededor del proyecto que lo sostuviera económicamente. Ambos trabajaron organizadamente dentro del concepto definido por Buterin (creador de Ethereum) como *public pools*, sistemas descentralizados que benefician a todos aquellos que lo usan, ya que no se plantearon crear una fundación o un *token* interno que acumule valor y que sea generado en el protocolo para poder financiar futuras mejoras en el desarrollo del proyecto.

A pesar de esto, UniSwap comenzó a recibir elogios y consiguieron una subvención de la Fundación Ethereum de 100 000 dólares, lo que ayudó a despegar y ser lo que es hoy en día.

El protocolo de UniSwap funciona con la ayuda de unicornios (que son, según Buterin, *unipegs,* una mezcla entre un unicornio y un Pegaso), los cuales son en realidad oráculos (contratos inteligentes) que permiten a los *traders* el intercambio de *tokens* de Ethereum sin necesidad de confiar sus fondos a ninguna persona o empresa, sin gastar de más como usualmente se realizaría en un intercambio de *tokens*. De igual forma, con UniSwap cualquier usuario puede prestar sus *tokens* a unas reservas especiales denominadas *liquidity pools,* a cambio de unas comisiones por proporcionar dinero a la reserva.

El *token uni* (UNI) ha despertado el interés de inversionistas, lo que ha permitido que su valor se multiplicara por diezen el último año, alcanzando máximos históricos por valor de 44,97 dólares por *token*.

Litecoin (LTC)

El proyecto Litecoin es una criptomoneda y un proyecto de *software* de código abierto publicado bajo la licencia MIT, que es uno de los más antiguos dentro del criptoverso. Está inspirado y es, desde el punto de vista técnico, casi idéntico al bitcóin creado por Nakamoto, aunque con algunos sutiles cambios y modificaciones que lo hacen diferente.

Litecoin posee un límite de emisión de moneda superior al bitcóin, y actualmente existen cerca de 60 millones de LTC en circulación, de los 84 millones de monedas que se emitirán en esa red.

Este proyecto era hace algunos años uno de los fuertes candidatos a quedarse con el título de la criptomoneda que pudiera dominar en un futuro post-Bitcoin. Sin embargo, hoy en día, la competencia la ha desplazado de esa posición, aunque sigue siendo vista como una alternativa al bitcóin, debido a que posee tarifas de transacción más bajas, al igual que Dash y Bitcoin Cash.

Debido a que esta criptomoneda, pensada para ser una red de pagos global con comisiones bajas, es técnicamente casi idéntica a Bitcoin, el equipo de desarrollo de Litecoin sigue muy de cerca la implementación de nuevas características y correcciones de la red Bitcoin original, para después adaptarlas dentro del propio proyecto Litecoin aprovechando la innovación y manteniendo la máxima compatibilidad de código posible entre estos dos proyectos.

Entre sus diferencias está el algoritmo utilizado, el cual emplea *scrypt,* con un esquema de prueba de trabajo muy similar al POW de Bitcoin.

Así como sucede en Bitcoin, la tasa de emisión de monedas dentro de Litecoin se realiza de forma deflacionaria, es decir, que la emisión se realiza decrecientemente, con una disminución a la mitad cada cuatro años en promedio, como el *halving* de Bitcoin. Debido al algoritmo de Litecoin, es ideal para la minería con GPU y se encarece en caso de que se implementen soluciones FPGA o ASIC.

Litecoin fue creada por Charlie Lee en 2011, un exempleado de Google que cuando lanzó Litecoin, lo mostró como una alternativa más barata que Bitcoin. En opinión de Lee: "Mi visión es que la gente usaría Litecoin todos los días para comprar cosas. Simplemente sería una elección del método de pago".

La criptomoneda *ltc* (LTC) siempre ha sido una de las monedas más estables del ecosistema de las criptomonedas, aunque no es indiferente a los cambios de sentimiento del mercado, ni a la toma de beneficios por parte de los inversores. El máximo histórico que ha registrado esta criptomoneda ha sido de 412,96 dólares.

Chainlink (LINK)

Chainlink es lo que sus creadores han definido como una red de oráculo descentralizada, que tiene asociada una criptomoneda que proporciona datos del mundo real a las cadenas de bloques. Hoy por hoy, Chainlink, es una de las principales fuentes de datos que se utilizan para suministrar información a las aplicaciones de las DeFi, por lo que actualmente es la divisa criptográfica número 12 más importante por capitalización de mercado. De hecho, es uno de los proyectos que ha tenido mayor relevancia en el último año, gracias a este servicio de oráculos descentralizados capaces de aportar datos externos a contratos inteligentes de Ethereum.

Básicamente, Chainlink conecta a las cadenas de bloques con el mundo real, lo que le ha valido cierta relevancia para la externalización de datos y servicios en algunos sistemas. De hecho, el gigante de las búsquedas en línea, Google, anunció en 2019 que había integrado su plataforma de análisis de datos BigQuery con Chainlink, permitiendo que los datos de fuentes externas se utilicen en aplicaciones creadas directamente en la cadena de bloques; más tarde, la propia agencia de noticias Associated Press anunció que los datos de votación para las elecciones presidenciales de Estados Unidos en noviembre de 2020, que se estaban publicando en tiempo real en Everipedia, usaron la tecnología de Chainlink.

El creador y fundador de este proyecto es un emprendedor tecnológico llamado Sergey Nazarov, quien en 2017 lanzó un documento técnico que fue coescrito con el profesor de la Universidad de Cornell, Ari Juels, quien se desempeñó como asesor técnico de este proyecto.

Hay varias historias alrededor de Nazarov que lo sitúan relacionado al menos con Nakamoto, en lo que respecta al dominio SmartContracts.com, ya que la persona que lo compró tan solo seis días antes de que se publicara el documento técnico de Bitcoin en 2009, se lo transfirió años más tarde en propiedad a Sergey, en 2014. De allí que para muchos, este joven desarrollador tenga un halo de misterio a su alrededor por esta posible conexión con el creador de Bitcoin.

El *token* que emplea Chainlink se denomina LINK, y está basado en el estándar de Ethereum (ERC-677). LINK tiene como objetivo frenar a los proveedores de alimentación de datos centralizados deshonestos mediante el uso de una red distribuida de nodos para verificar los datos que recibe de las fuentes.

Chainlink premia la participación honesta, pues cada uno de los nodos que está operativo, que responde la solicitud de información manejada de forma correcta, permite que tanto los nodos como sus operadores acumulen *tokens* a modo de compensación.

Dada la relevancia de este proyecto y el auge de las criptomonedas en el último año, LINK llegó a multiplicar su valor por trece, alcanzando máximos históricos hasta los 52,88 dólares por cada *token*.

Glosario

Algoritmo: es un conjunto de reglas definidas, ordenadas y finitas que permite solucionar un problema, realizar un cómputo, procesar datos y llevar a cabo otras tareas. Pero en el ámbito de Bitcoin, un algoritmo es un mecanismo que permite a los usuarios o máquinas coordinarse en un entorno distribuido de nodos, el cual garantiza mediante el consenso que todos los participantes puedan ponerse de acuerdo respecto a la verificación de datos y transacciones. El algoritmo de consenso que se utiliza en Bitcoin es un sistema *proof of work* (PoW) o "prueba de trabajo" para coordinar a los participantes dentro de la red. Para ello emplean un *hash* criptográfico, que funciona como un tipo de firma para una cadena de texto o datos, que en el caso de Bitcoin usa el algoritmo SHA-256, el cual genera un *hash* casi único, con un tamaño fijo de 256 *bits* (32 *bytes*).

Altchain: es un acrónimo de las palabras *alternative* y *chain* que en español se traduce como "cadena alternativa". Se trata de un sistema que utiliza el algoritmo de la cadena de bloques para lograr un consenso distribuido sobre un tema en particular. Las cadenas alternativas pueden compartir mineros con una red matriz como la de Bitcoin; esto recibe el nombre de "minería fusionada". Por su resistencia, estas cadenas alternativas se emplean para implementar proyectos de DNS, intercambios de divisas P2P a través de los intercambios de cadenas cruzadas, autoridades de certificación SSL, sellado de tiempo, almacenamiento de archivos y sistemas de votación, entre otros usos.

Altcoin: es un acrónimo de las palabras *alternative* y *coin,* que se traduce como "moneda alternativa", expresión que se usa para definir a todas aquellas criptomonedas o *tokens* diferentes al bitcóin y alternativos a este. Cada una de estas criptomonedas alternativas implementa su propia cadena de bloques y su propia red P2P, e incluso su propio algoritmo de minería. Muchas de estas criptomonedas alternativas han desarrollado su protocolo a partir de Bitcoin; sin embargo, algunas de ellas han partido desde cero creando una totalmente nueva. Asimismo, las características económicas relativas a las masa monetaria y tiempo de minado por bloque, entre otros, pueden ser similares o totalmente diferentes a Bitcoin, por lo que cada una tiene su desempeño en los mercados de acuerdo al interés que tengan los inversores en el proyecto, pero primordialmente en el uso del criptoactivo. A mayor uso o adopción, mayores posibilidades tiene de aumentar su capitalización de mercado. Actualmente, la oferta del mercado sobrepasa las 10 300 criptomonedas y contando.

Anarcocapitalismo: es una corriente económica, política y filosófica del liberalismo, que está a favor de la eliminación del Estado como agente económico, e incluso en contra de cualquier otra organización centralizada en manos de este. Igualmente, el anarcocapitalismo propone la eliminación absoluta de los impuestos, para que todo sea sustituido por la instauración del libre mercado y la propiedad privada. Condena el fraude, con el objetivo de crear una sociedad basada en el principio de autogobierno individual. Esta corriente económica surgió a mediados del siglo xx, pero más tarde esta doctrina se transformó radicalmente en una escuela de pensamiento. Tanto Wei Dai como el mismo Satoshi Nakamoto, entre otros miembros de la comunidad Cypherpunk, abrazaban estos conceptos, que más tarde sirvieron de cimientos sobre los cuales se fundamenta ideológicamente el desarrollo de Bitcoin y todas las criptomonedas de carácter privado en el mundo.

ASIC: es un acrónimo de *Application-Specific Integrated Circuit,* que significa "circuito integrado de aplicación específica". Se trata de un circuito integrado o microprocesador, hecho a la medida para un uso en particular; está especialmente diseñado para realizar cálculos computacionales concretos, en lugar de ser creado para propósitos de uso general.

En el mercado existen gran variedad de tipos de ASIC, que se usan para muchos propósitos específicos, pero en el ámbito de las criptomonedas es donde más se ha impulsado su uso, el cual es fundamental. Gracias a los ASIC especializados en minería, se pueden mantener vivas las redes P2P para los que están programados, creando nuevos bloques y registrando las transacciones que se realizan con cada criptomoneda, cuya red sea permisiva con el uso de estos dispositivos. Aunque en principio los primeros ASIC se concibieron específicamente para el algoritmo de Bitcoin SHA-256, hoy en día existe una amplia variedad de estos dispositivos que operan la minería de las diferentes criptomonedas que están disponibles en el mercado.

Sin embargo, existen criptomonedas que han implementado soluciones en sus algoritmos que las hacen resistentes a este tipo de dispositivos, para impedir su uso en la minería del criptoactivo y permitir su minado solo con GPU y CPU, así como también con otras formas menos ortodoxas.

Los mineros ASIC son dispositivos que utilizan microprocesadores diseñados con el único propósito de realizar la tarea de extracción de monedas digitales. Este tipo de dispositivos no es programable, por lo que no es posible utilizar el mismo dispositivo en criptomonedas con diferentes algoritmos. Los ASIC se especializan en la resolución de una serie de cálculos complejos, basados especialmente en un solo tipo de algoritmo, por lo que estos están diseñados especialmente para extraer criptomonedas específicas o trabajar con determinados algoritmos. Su desarrollo y fabricación es costoso y muy complejo, y además requiere bastante investigación, pero gracias a que los ASIC están diseñados especialmente para la tarea de minería, hacen el trabajo más rápido que las computadoras de escritorio o portátiles.

Su uso es polémico hoy en día, y sobre todo se critica a Bitcoin por ello, porque el consumo de energía de estos dispositivos es demasiado alto y ha comenzado a generar preocupación por el costo medioambiental que significa su uso. Aunque los ASIC, generación tras generación, se han vuelto más eficientes en el uso de la energía para generar la potencia de cálculo, todavía sigue habiendo críticas por las masivas instalaciones que son empleadas alrededor del mundo para minar bitcoines. Estas críticas principalmente atacan el hecho de que en los grandes centros de minería se usan energías baratas pero altamente contaminantes, como las provenientes de carbón o el gasoil, en lugar de venir de fuentes hídricas u otras fuentes renovables.

ASIC-*resistant*: es un acrónimo de *Application-Specific Integrated Circuit* y la palabra *resistant,* que se usa para denominar al protocolo y al algoritmo de minería especialmente configurado para evitar el uso de máquinas ASIC en la extracción de las monedas de una determinada red, haciendo prácticamente imposible su uso, al no aportar ningún beneficio significativo en comparación con la minería de GPU tradicional. Esto generalmente se hace con el propósito de evitar la centralización de la minería en manos de grandes grupos económicos o países, que al final hace que pocas manos se queden con gran parte del dinero.

Ataque de 51 %: un ataque del 51 % es por definición un potencial ataque en contra de una *red blockchain,* que permitiría al atacante causar una interrupción de la cadena de bloques, excluyendo, revirtiendo o modificando el orden de las transacciones. Esto probablemente conduciría a un problema de doble gasto, ya que este atacante tendría la posibilidad de cambiar incluso la recompensa del bloque, crear monedas del aire o robar monedas que nunca le pertenecieron. Este tipo de ataques solo podría ser llevado a cabo eventualmente por alguna entidad u organización que fuera capaz de controlar la mayoría de la tasa de *hash* de los nodos de una red de una criptomoneda en particular, y precisamente para evitarlo se requiere que las redes P2P tengan una amplia desconcentración de sus nodos, de manera que se mantengan seguras a sí mismas.

***Atomic Swaps* o intercambios atómicos:** también conocidos como *atomic cross-chain trading,* consisten en un protocolo de intercambio rápido entre dos criptomonedas diferentes, que se ejecutan en distintas redes de *blockchain* mediante el uso de contratos inteligentes, que permiten a los usuarios intercambiar sus monedas directamente desde sus carteras de criptomonedas personales sin necesidad de vender a un tercero sus monedas, para después volver a comprar a otro las monedas que desea adquirir, con el correspondiente gasto que implica.

Bit: es el acrónimo de *binary digit,* que significa "dígito binario", denominado en español *bit* y en menor medida *bitio.* Se trata de una unidad mínima de información empleada en informática, en cualquier dispositivo digital o en la teoría de la información. Con él podemos representar dos valores cualesquiera, como verdadero o falso, abierto o cerrado, blanco o negro, norte o sur, etc. Basta con asignar uno de esos valores al estado de "apagado" (0), y el otro al estado de "encendido" (1).

Bitcoin: es la primera criptomoneda del mundo, diseñada como un protocolo de comunicación creado en 2008 por Satoshi Nakamoto y publicado en 2009. A través de una red consensuada permite transferir valor en Internet entre pares, hacia y desde cualquier lugar del mundo, sin impedimentos de ningún tipo, ya que no puede ser detenido, censurado o manipulado por terceras entidades. De hecho, Bitcoin es la primera red entre pares de pago descentralizado impulsado directamente por sus usuarios sin una autoridad central o intermediarios. Si un país tratase de bloquear el acceso a nodos de la red Bitcoin, a través de su infraestructura de Internet siempre se podrán acceder a esos fondos empleando sistemas de VPN u otros para burlar este tipo de bloqueo, por lo que prácticamente Bitcoin es una red de pagos global y segura para todos sus usuarios.

La denominación que se emplea para referirse a los bitcoines como unidad monetaria es BTC, y el símbolo que se usa es ₿. Cuando se escribe con B mayúscula se utiliza para describir a Bitcoin de forma conceptual y técnica, así como también hablar del ecosistema que representa, mientras que cuando se escribe bitcóin con b minúscula se emplea para referirse a la cantidad de valores unitarios de la criptomoneda. Aunque se abrevia como BTC, hasta no hace mucho tiempo todavía en algunos sitios de intercambio de criptomonedas se le abreviaba XBT, siglas que han sido retiradas progresivamente.

Cadena de bloques: también llamada por su nombre en inglés, *blockchain,* es un registro público y distribuido de las transacciones de Bitcoin, así como también de cualquier otra criptomoneda o sistema que utilice este tipo de base de datos, para almacenar en orden cronológico un conjunto de información. Estas cadenas de bloques, al ser descentralizadas, se comparten entre todos los usuarios de la red. A través de la cadena de bloques se verifica de forma segura la estabilidad de las transacciones y se previene el doble gasto.

Bloque: un bloque es un conjunto de datos que se registra en la cadena de bloques, el cual contiene confirmaciones de transacciones pendientes. En el caso de la cadena de bloques de Bitcoin, se genera un nuevo bloque en promedio cada diez minutos aproximadamente. Estos bloques nuevos incluyen un número determinado de nuevas transacciones que se anexan a la cadena de bloques a través de la minería, los cuales se enlazan mediante el uso de hash criptográficos con el bloque anterior y el siguiente, como un eslabón más de la cadena.

Confirmación: es un proceso de consenso entre los nodos participantes dentro de una red *blockchain,* que verifica que una transacción registrada en un bloque determinado ha sido procesada por la red de forma exitosa, la cual tras un número mínimo de confirmaciones ya no puede ser revertida de ninguna manera posible. Las transacciones son confirmadas cuando son incluidas en un bloque que es registrado dentro de la cadena de bloques, cuyo registro genera un *hash* que luego es enlazado con el siguiente bloque de la cadena, haciendo que su registro quede debidamente registrado en la misma.

En la cadena de bloques de Bitcoin, basta con un par de confirmaciones para que se pueda considerar segura una transacción por un monto pequeño. Sin embargo, para montos superiores a 1000 dólares estadounidenses, la confirmación estándar mínima es de seis confirmaciones, aunque determinados sistemas requieran, para montos muy grandes, más de catorce confirmaciones en adelante. De hecho, cada confirmación reduce exponencialmente el riesgo de que la transacción sea revertida de alguna forma.

Criptografía: esta palabra proviene del griego κρύπτος *(kryptós),* "secreto" u "oculto", y γραφή *(graphé),* "grafo" o "escritura". Literalmente "escritura secreta" o "escritura oculta" y es una rama de la criptología, que es una disciplina que se ocupa de las técnicas de cifrado o codificado destinadas a alterar las representaciones lingüísticas de ciertos mensajes con el fin de hacerlos ininteligibles a receptores no autorizados. Estas técnicas se utilizan tanto en el arte como en la ciencia y en la tecnología. La criptografía se encarga del estudio de los algoritmos, protocolos y sistemas que se utilizan para dotar de seguridad a las comunicaciones, a la información y a las entidades que se comunican. Su objetivo primordial es diseñar, implementar, implantar y hacer uso de sistemas criptográficos para dotar de alguna forma de seguridad a los datos y mensajes que, por su naturaleza, no deben ser legibles para cualquiera.

Hoy en día la criptografía es utilizada en el comercio en línea, en las comunicaciones en Internet, en las transacciones y operaciones de los bancos, así como en datos de carácter militar y confidencial. Bitcoin emplea la criptografía en su protocolo para hacer imposible que alguien pueda gastar los fondos del monedero de otro usuario o que se pueda vulnerar o corromper la cadena de bloques. Asimismo, Bitcoin utiliza la criptografía para encriptar un monedero, con el fin de evitar que se puedan acceder a sus fondos sin ser autorizado por una contraseña.

Doble gasto: es un paradigma en los sistemas de pagos y envío de valor por Internet, que sugiere la posibilidad de que un usuario malintencionado intente gastar sus bitcoines en dos destinatarios al mismo tiempo que los envía. Para ello, la minería de Bitcoin y los parámetros de su cadena de bloques a través del consenso en la red puede determinar cuál de las dos transacciones es considerada válida y cuál será rechazada generalmente, tomando en cuenta el sello de tiempo de registro de ambas transacciones, por lo que es inevitable que una de las dos sea rechazada. ("La transacción que llegó segunda para ser registrada en el bloque será la que terminará siendo eliminada").

FOMO: es un acrónimo que en inglés quiere decir *Fear Of Missing Out,* lo que se traduce cómo "miedo a quedarse fuera". Esto identifica a un fenómeno reciente, asociado con la digitalización de las cosas y servicios del mundo real. Este fenómeno se describe como un nuevo síndrome que pueden padecer los inversores cuando perciben que se están perdiendo una subida bursátil, una salida a bolsa, así como cualquier otra acción que implique ganancias en los mercados. Se trata de algo que sucede de igual forma con los criptomercados, cuando los inversores sienten temor a perderse una inversión en mercado, frente a las subidas repentinas del valor de algún criptoactivo y las posibles ganancias potenciales que ello implica, así como a las caídas que permitan comprar criptoactivos baratos.

Minería: la minería de criptomonedas es el proceso de realizar cálculos matemáticos para generar un nuevo bloque de la cadena de bloques, mediante computadoras o dispositivos diseñados para tal fin, de manera que se puedan confirmar las transacciones en la red. Este proceso es el que construye la cadena de bloques, lo cual se hace de forma incremental. Esto, a su vez, permite mantener a una red P2P basada en la tecnología *blockchain* actualizada e incrementar la seguridad de la propia cadena de bloques. Todos los participantes de este proceso se denominan mineros y compiten para ser los primeros en encontrar la solución al problema criptográfico que permita generar un nuevo bloque para la cadena. Los mineros, trabajando en forma distribuida mediante un sistema de pruebas de trabajo, resuelven un problema que requiere varios intentos repetitivos, para encontrar el *hash* correcto por fuerza bruta, no determinista. Esto evita que los mineros o grupos de ellos, con gran nivel de procesamiento, dejen fuera a los más pequeños para hacer que todos tengan casi las mismas probabilidades. De esta forma, la frecuencia de localización de cada bloque sigue una distribución de *poisson* y la probabilidad de que un minero lo encuentre depende del poder computacional con el que contribuye a la red en relación al poder computacional de todos los nodos combinados, lo que permite que el sistema funcione de manera descentralizada.

El objetivo básico de los mineros es buscar un *nonce* válido para el bloque que están minando, de forma que el bloque completo satisfaga cierta condición (que el doble hash SHA-256 del bloque tenga un cierto número de ceros iniciales). Este proceso de prueba-error hace difícil la generación de bloques. Finalmente, en el momento que un minero encuentra la solución al problema criptográfico de su bloque, lo transmite al resto de los nodos a los que está conectado y estos a su vez a otros que estén conectados. En el caso de que dicho bloque sea válido de acuerdo con las normas de consenso (la validación de la solución proporcionada por el minero es un proceso trivial y se realiza inmediatamente), dichos nodos lo agregan a la cadena y retransmiten. Este proceso se repite indefinidamente hasta que el bloque ha alcanzado todos los nodos de la red.

Obviamente, este trabajo para la red genera recompensa a los mineros por sus servicios. En la red Bitcoin, cada vez que se genera un bloque nuevo, los mineros se quedan con los costos de transacción de las operaciones que se están confirmando en ese bloque junto con los bitcoines nuevos que se crean en cada bloque.

P2P: es un acrónimo de la palabra inglesa *peer-to-peer,* que se puede traducir como "red de pares", "red entre iguales" o "red entre pares". Se trata de un tipo de red de ordenadores en la que todos o algunos aspectos funcionan sin clientes ni servidores fijos, es decir, sin una estructura jerárquica, sino mediante una serie de nodos que se comportan como iguales entre sí. En las redes P2P, cada nodo o participante actúa simultáneamente como cliente y servidor respecto a los demás nodos de la red. Debido a la forma en que está diseñada este tipo redes, se facilita el intercambio directo de información, en cualquier formato, entre todos los ordenadores interconectados. Bitcoin usa este tipo de redes P2P para facilitar que cada nodo de la red pueda transmitir y compartir datos a otros nodos y la cadena de bloques permanezca debidamente actualizada.

Llave privada: es una clave privada o *private key,* la cual acredita a una persona su derecho a gastar bitcoines de un monedero Bitcoin por medio de una firma criptográfica. Esta clave de un acceso a unos fondos que únicamente debe tener la persona acreditada. En caso de utilizar un monedero de escritorio, las claves privadas se almacenan allí mismo, mientras que si utiliza un monedero *web* serán almacenadas en servidores remotos del proveedor. Las claves privadas nunca deben ser compartidas ya que le permiten gastar bitcoines desde su monedero correspondiente.

Firma: es un mecanismo criptográfico empleado para verificar la autenticidad e integridad de datos digitales, pero también para permitir que alguien puede demostrar su propiedad sobre algo. Prácticamente, es una versión digital de las firmas escritas a mano en el mundo real, pero con un nivel más elevado de complejidad y seguridad por tratarse de un medio digital. Bitcoin emplea estas firmas criptográficas en los monederos para firmar una transacción con la clave privada correspondiente, de manera que con dicha firma criptográfica toda la red pueda ver que la firma coincide con los bitcoines gastados, aunque de ninguna manera es posible que otros puedan descubrir la clave privada para robar esos bitcoines.

Monedero: también llamado *wallet,* su nombre en inglés, es el equivalente a un monedero físico, que se utiliza para almacenar monedas pero en la propia red de Bitcoin o cualquier otra criptomoneda.

Básicamente, un monedero contiene la clave privada que le permite gastar los bitcoines asignados a la clave pública registrada en la cadena de bloques. Cada monedero Bitcoin puede mostrarle la cantidad de monedas en bitcoines/BTC que contiene guardados y le permite pagar una cantidad específica a una persona específica, como un monedero en el mundo real. Su uso es directamente contra los fondos disponibles en la dirección que registra sus monedas sin gastar.

Velocidad *hash:* también conocido como *hash rate* o "tasa de *hash*"*,* es la unidad de medida mediante la cual se mide la potencia informática de los equipos usados para la obtención de criptomonedas en los procesos de minería criptográfica. Para extraer monedas en la red Bitcoin mediante el uso de la minería, los equipos de esta red deben realizar intensivas operaciones matemáticas por razones de seguridad a razón de varios millones de cálculos por segundo. Esa cantidad necesaria de cálculos para lograr resolver este problema matemático, que está compuesta por un número determinado de operaciones, es lo que se conoce como tasa de hash. Básicamente, es la unidad de medida de la potencia de procesamiento de la red Bitcoin.

Notas

1. *Bitcoin: A Peer-to-Peer Electronic Cash System*, Satoshi Nakamoto, www.Bitcoin.org, https://bitcoin.org/bitcoin.pdf

2. *La última tecnología al servicio de las refugiadas sirias*, https://news.un.org/es/story/2018/09/1441782

3. *SEC Charges Ripple and Two Executives with Conducting $1.3 Billion Unregistered Securities Offering*, https://www.sec.gov/news/press-release/2020-338

Nuestras colecciones

 Guías para todos aquellos que deseen ampliar sus conocimientos sobre asuntos específicos, grandes personajes, épocas, culturas, religiones, etc., ofreciendo al lector una amplia y rica visión de cada una de las temáticas, accesibles a todos los lectores.

 Guías para gestionar con éxito un negocio, vender un producto, servicio o causa o emprender. Pautas para dirigir un equipo de trabajo, crear una campaña de marketing o ejercer un estilo adecuado de liderazgo, etc.

 Guías para optimizar la tecnología, aprender a escribir un blog de calidad, sacarle el máximo partido a tu móvil. Orientaciones para un buen posicionamiento SEO, para cautivar desde Facebook, Twitter, Instagram, etc.

 Guías para crecer. Cómo crear un blog de calidad, conseguir un ascenso o desarrollar tus habilidades de comunicación. Herramientas para mantenerte motivado, enseñarte a decir NO o descubrirte las claves del éxito, etc.

 Guías prácticas dirigidas a la salud y el bienestar. Cómo gestionar mejor tu tiempo, aprenderás a desconectar o adelgazar comiendo en la oficina. Estrategias para mantenerte joven, ofrecer tu mejor imagen y preservar tu salud física y mental, etc.

 Guías prácticas para la vida doméstica. Consejos para evitar el cyberbulling, crear un huerto urbano o gestionar tus emociones. Orientaciones para decorar reciclando, cocinar para eventos o mantener entretenido a tu hijo, etc.

 Guías prácticas dirigidas a todas aquellas actividades que no son trabajo ni tareas domésticas esenciales. Juegos, viajes, en definitiva, hobbies que nos hacen disfrutar de nuestro tiempo libre.

 Guías para aprender o perfeccionar nuestra técnica en deportes o actividades físicas escritas por los mejores profesionales de la forma más instructiva y sencilla posible.

Otros libros de la colección

GuíaBurros: Criptomonedas

https://www.criptomonedas.guiaburros.es/

guía

Economía de **acceso**

Todo lo necesario para conocer las nuevas economías

Paco Bree

GuíaBurros: Economía de acceso

https://www.economiadeacceso.guiaburros.es/

EDITATUM

Libros para crecer

www.editatum.com

www.ingramcontent.com/pod-product-compliance
Lightning Source LLC
LaVergne TN
LVHW090010180726
843489LV00001B/464